Monika Bovermann
Manuela Georgiakaki
Renate Zschärlich

Paul, Lisa & Co
A1.2

Arbeitsbuch
Deutsch für Kinder
Deutsch als Fremdsprache

Hueber Verlag

7.   6.   5.   Die letzten Ziffern
2029 28 27 26 25   bezeichnen Zahl und Jahr des Druckes.
Alle Drucke dieser Auflage können, da unverändert,
nebeneinander benutzt werden.
1. Auflage
© 2019 Hueber Verlag GmbH & Co. KG, München, Deutschland
Umschlaggestaltung: Sieveking Agentur, München
Layout und Satz: Sieveking Agentur, München
Verlagsredaktion: Iris Schultze-Naumburg, Silke Hilpert,
Hueber Verlag, München
GPSR-Kontakt: Hueber Verlag GmbH & Co. KG, Baubergerstraße 30, 80992 München,
kundenservice@hueber.de
Druck und Bindung: FIRMENGRUPPE APPL Holding GmbH & Co. KG, Senefelderstraße 3 – 11,
86650 Wemding, info@appl.de
Printed in Germany
ISBN 978–3–19–611559–8

Art. 530_23427_001_05

Inhalt

Wegweiser

• Übungsvielfalt

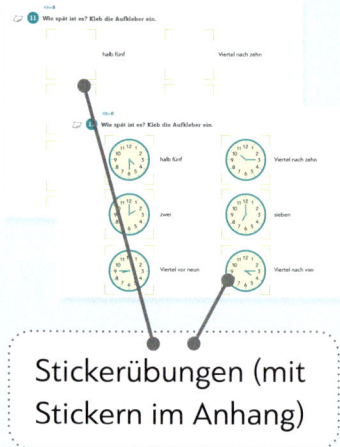

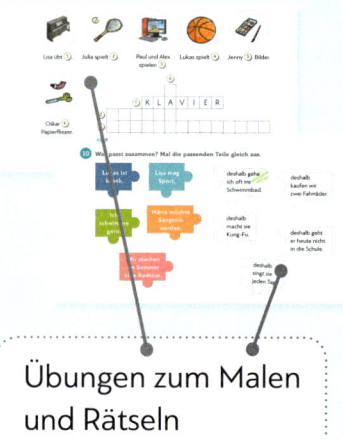

Stickerübungen (mit Stickern im Anhang)

Übungen zum Malen und Rätseln

Übungen zum Schreiben

... und viel mehr!

• Grammatik entdecken mit Tobi

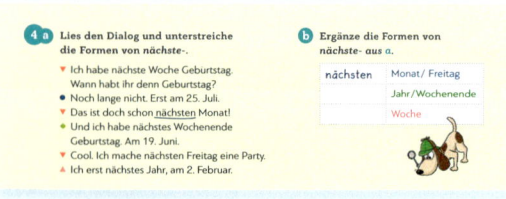

• Lernwortschatzseite am Ende jeder Lektion

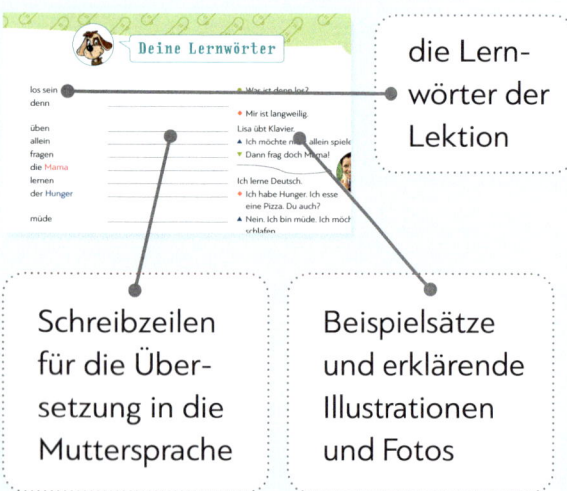

die Lernwörter der Lektion

Schreibzeilen für die Übersetzung in die Muttersprache

Beispielsätze und erklärende Illustrationen und Fotos

• Selbstevaluation am Ende des Moduls

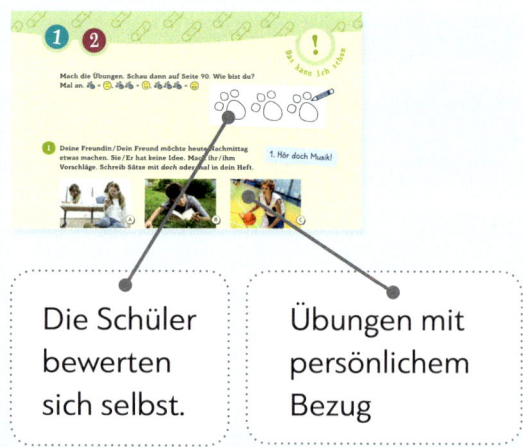

Die Schüler bewerten sich selbst.

Übungen mit persönlichem Bezug

Piktogramme und Symbole

 Stickerübungen
Die Sticker befinden sich
im Anhang.

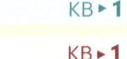 KB ▸ 1
KB ▸ 1

Hier findet sich das
gerade geübte Lernziel
im Kursbuch.

KB ▶ Einstieg

1 **Was machen sie? Lös das Rätsel.**

Lisa übt ①.

Julia spielt ②.

Paul und Alex spielen ③.

Lukas spielt ④.

Jenny ⑤ Bilder.

Oskar ⑥ Papierflieger.

```
                        ⑥
                        ☐
① K  L  A  V  I  E  R
②   ☐ ☐ ☐ ☐
③   ☐ ☐ ☐ ☐ ☐ ☐ ☐ ☐ ☐
④ ☐ ☐ ☐ ☐ ☐ ☐
⑤ ☐ ☐ ☐ ☐ ☐ ☐
        ☐
```

KB ▶ 1

2 **Ergänze den Dialog.**

Tim hat keine Lust. 🐾 ~~Was ist denn los?~~ 🐾 Allein? 🐾 Nein, ich habe keine Zeit. 🐾 Mir ist so langweilig.

Fynn: He Sara! <u>Was ist denn los?</u> (1)

Sara: _____ Hören wir Musik?! (2)

Fynn: _____ Spiel doch Karten! (3)

Sara: _____ Das ist blöd. (4)

Fynn: Frag doch Tim!

Sara: _____ (5)

Fynn: Ach, Sara, ich muss Mathematik lernen. Frag doch Mama!

Sara: Na gut ...

1

KB ▸ 2

3 a Lies die Texte und unterstreiche die Verben wie im Beispiel.

MACH DOCH SPORT! SPORT IST TOLL. Ⓐ

LERN DOCH DEUTSCH! DEUTSCH IST COOL. Ⓑ

FUßBALL IST SUPER. KOMM UND SPIEL DOCH MAL! Ⓒ

Paul: <u>Machst</u> du Sport?

Fabio: Ja.

Paul: Lernst du Deutsch?

Fabio: Ja, schon zwei Jahre.

Paul: Spielst du Fußball?

Fabio: Ja klar.

b Vergleiche die beiden Formen und ergänze.

?	!	?	!
Machst du ...?	Mach ... !	Spielst du ...?	
Lernst du ...?		Kommst du ...?	

c Was passt? Kleb die Aufkleber ein.

1. Isst du gern Salat? [   ] viel Salat! Salat ist gesund.

2. Tanzt du gern? [   ] doch!

3. Schläfst du? Gute Nacht, [   ] gut!

4. Fährst du Rad? [   ] doch mal Rad!

5. Liest du das Buch? [   ] das Buch!

4 **Ergänze die Verben.**

	?	!
hören	Hörst du Musik?	Hör!
kommen	du?	Komm!
malen	du Bilder?	Mal!
spielen	du Klavier?	
essen	du Müsli?	Iss!
fahren	du Fahrrad?	Fahr!
schlafen	Schläfst du?	

KB ▶ 3

5 **Ergänze: „!", „?" oder „.".**

1. Lernst du Karate ___?___

2. Iss nicht so viel Pizza _____

3. Bist du müde _____

4. Komm um zwei Uhr _____

5. Wir spielen Tennis _____

6. Wann kommst du _____

7. Frag doch mal Lisa _____

8. Übst du Klavier _____

6 **Was sagt Oskar? Ergänze in der richtigen Form.**

laufen ፨ ~~kommen~~ ፨ springen ፨ schlafen

__Komm__! Los, _____! _____! _____ nicht so viel!

KB ▸ 5

7 **Ergänze.**

1. aufpassen: Pass_____ doch _____!

2. mitkommen: _____ mal _____!

3. zuhören: _____ doch _____!

4. mitmachen: _____ bitte _____!

5. aufräumen: _____ bitte _____!

6. mitspielen: _____ doch _____!

8 **Was passt? Ergänze.**

Schokolade mit!   🐾   zu!   🐾   ~~mit!~~   🐾   auf!   🐾
dein Zimmer auf!   🐾   die Hausaufgaben auf!

1. Mach doch _mit!_____   4. Räum bitte _____

2. Pass doch _____   5. Schreib _____

3. Hör bitte _____   6. Bring bitte _____

9 **Ergänze die Verben in der richtigen Form.**

1. ▼ Wir _spielen_____ Karten. (spielen) _____ du _____? (mitspielen)

   ◆ Nein, keine Lust. Ich bin müde.

   ▼ Ach, _____ doch _____! (mitspielen)

2. ▼ Wo _____ denn meine Sammelkarten? (sein) Und wo _____ mein Fußball?! (sein)

   ▲ _____ doch dein Zimmer _____! (aufräumen)

3.   Oskar, da kommt ein Auto! _____ _____! (aufpassen)

4. ▲ Ich _____ Müsli, Joghurt und Schokolade _____. (einkaufen)

   _____ du _____? (mitkommen)

   ● Nein, ich habe keine Zeit. _____ bitte auch Bananen _____! (mitbringen)

   ▲ Ach, _____ doch _____! (mitkommen)

KB ▸ **6**

10 **Was passt? Ergänze.**

15:00 🐾 16:30 🐾 16:00 🐾 ~~15:30~~

1. 15:30   2. _____ 3. _____ 4. _____

KB ▸ **8**

11 **Wie spät ist es? Kleb die Aufkleber ein.**

1. halb fünf

5. Viertel nach zehn

2. zwei

6. sieben

3. Viertel vor neun

7. Viertel nach vier

4. halb zwölf

8. Viertel vor sechs

12 Wie spät ist es? Schreib Sätze.

1. _Es ist halb fünf._   2. _____   3. _____

_____   _____   _____

4. _____   5. _____   6. _____

_____   _____   _____

KB ▸ **10**

13 Ergänze.

1. ▲ Tschüss! Ich gehe jetzt.

▼ Oh, tschüss. Wie spät ist es denn?

▲ Es ist _halb fünf._____

▼ Wann hast du Judo?

▲ Um _____

▼ Viel Spaß!

2. ● Ich habe Hunger. Wann kochen wir?

◆ _____

● Und wann essen wir?

◆ Wir essen _____

● Na gut, und wie spät ist es jetzt?

◆ _____

los sein _____   ● Was ist denn los?

denn _____

◆ Mir ist langweilig.

üben _____   Lisa übt Klavier.

allein _____   ▲ Ich möchte nicht allein spielen.

fragen _____   ▼ Dann frag doch Mama!

die Mama _____

lernen _____   Ich lerne Deutsch.

der Hunger _____   ◆ Ich habe Hunger. Ich esse
eine Pizza. Du auch?

müde _____   ▲ Nein. Ich bin müde. Ich möchte
schlafen.

auf⬦passen _____   Pass auf! Da kommt ein Auto!

bitte _____

auf⬦räumen _____   Räum bitte dein
Zimmer auf!

das Zimmer _____

mit⬦machen _____   ◆ Ich bastle eine Kette.
Machst du mit?

mit⬦spielen _____   ● Nein. Ich spiele Computerspiele.
Spielst du mit?

zu⬦hören _____   Hör bitte zu!

der Junge _____   ● Wer ist der Junge?

▼ Das ist Alex.

der Spaß _____   Tanzen – das macht Spaß!

spät _____   ● Wie spät ist es?

die Uhr _____   ◆ Es ist zwölf Uhr.

halb _____   ▼ Es ist halb acht.

Viertel nach _____   ▲ Es ist Viertel nach eins.

Viertel vor _____   ◆ Es ist Viertel vor elf.

KB ▶ 1

1 Was passt zusammen? Schreib die Wörter mit **der**, **das** oder **die** zu den Bildern.

Spiel • haus • bahn • Par • platz • ~~Schwimm~~ • Ki • ~~bad~~ • Bi • no • Kauf • Skater • blio • ty • Sport • thek • platz

das Schwimmbad _____   _____   _____

_____   _____   _____

_____   _____

2 a Lies den Text und zeichne Lisas Weg ein.

Lisa möchte Skateboard fahren. Um zwei geht sie <u>auf die Skaterbahn</u>. Dann geht
sie in die Bibliothek und liest einen Comic. Um halb vier geht Lisa mit Julia ins Kino.
Sie schauen einen Film an. Dann gehen Lisa und Julia ins Kaufhaus. Sie kaufen ein
T-Shirt. Lisa geht dann auf den Spielplatz. Sie sucht ihren Bruder Oskar. Oskar ist
nicht da. Jetzt geht Lisa in den Park. Da ist Oskar. Er spielt mit Tobi.

b Wohin geht Lisa? Unterstreiche alle Orte in **a** wie im Beispiel.
Ordne sie dann zu.

in/ins	auf
	die Skaterbahn

3 Kleb die Aufkleber ein.

Wohin gehen wir heute Nachmittag?

1. Gehen wir [ ] Park?

2. Gehen wir [ ] Kino?

3. Gehen wir [ ] Bücherei?

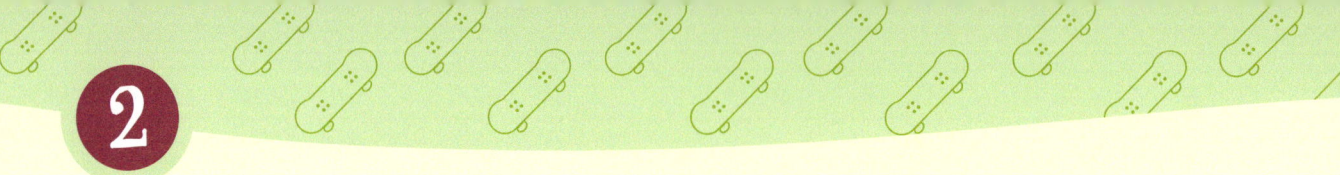

2

4 Benutzt man die Orte mit *in* oder *auf*? Schreib sie mit **den**, **das** oder **die** ins Haus (=*in*) oder auf den Platz (=*auf*).

> <u>Kaufhaus</u> •᠍᠍᠍ Skaterbahn •᠍᠍᠍ Kino •᠍᠍᠍ Bibliothek •᠍᠍᠍
> Spielplatz •᠍᠍᠍ Park •᠍᠍᠍ Sportplatz •᠍᠍᠍ Schwimmbad

KB ▶ 3

5 Ergänze: *auf* oder *in*.

1. Tschüss, Mama! Ich gehe <u>auf</u> den Sportplatz.

2. Ich möchte schwimmen. Gehen wir _____s Schwimmbad?

3. Felix braucht zwei Hefte und einen Filzstift. Er geht _____s Kaufhaus.

4. Wohin gehen wir heute Nachmittag? _____ die Skaterbahn?

5. Kommst du heute Abend auch _____ die Party?

6. Ich muss Biologie lernen. Gehen wir _____ die Bibliothek?

6 Ergänze.

Jakob möchte mit Anna in <u>s</u> Kino gehen. (1) Er möchte einen Film anschauen. Aber

Anna hat keine Zeit. Sie möchte heute Basketball üben. Sie geht erst auf _____

Sportplatz. (2) Dann möchte sie einen Schal kaufen. Sie geht in_____ Kaufhaus. (3)

Um sechs Uhr trifft sie Sofie. Sie gehen in _____ Park. (4) Um sechs Uhr hat

Jakob keine Zeit. Da geht er mit Theo auf _____ Skaterbahn. (5)

7 **Was passt zusammen? Verbinde.**

◆ Gehen wir auf die Skaterbahn?

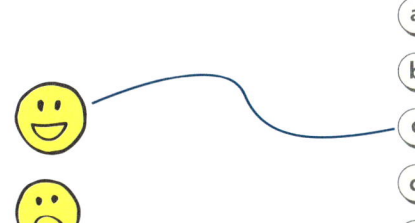

(a) ▲ Ich habe keine Lust.

(b) ▲ Nicht schon wieder.

(c) ▲ O.K. Das machen wir.

(d) ▲ Oh, ja! Gute Idee.

(e) ▲ Schade, ich habe keine Zeit.

(f) ▲ Einverstanden.

KB ▸ 5

8 **Kleb die Aufkleber ein.**

1. Ich bin cool. Findest du ⌐ ⌐ cool?

2. Du bist genial, Nina. Ich finde ⌐ ⌐ genial.

3. Wir sind lustig. Andreas findet ⌐ ⌐ lustig.

4. Ihr seid interessant, Lea und Tim. Ich finde ⌐ ⌐ interessant.

9 **Ergänze.**

◆● Papa, wir möchten auf den Spielplatz. Fährst du <u>uns</u>?

● Ja, gut. Ich hole _____ auch ab.

▼ Papa, ich gehe auf eine Party. Holst du _____ ab?

● Ja. Ich hole _____ um 10 Uhr ab.

10 **Ergänze: *mich, dich, uns* oder *euch.***

1. ▼ Oh, dein Hut und deine Brille sind super!

   ▲ Danke. Fotografierst du _mich_?

2. ● Wann spielen wir heute Nachmittag Fußball?

   ▼ Keine Ahnung. Ich muss meine Hausaufgaben machen, mein Zimmer aufräumen

   und essen. Ich rufe _____ dann an.

   ● O.k. Holst du _____ auch ab?

   ▼ Na klar.

3. ● Paul! Alex! Wo seid ihr? Ich sehe _____ nicht.

   ▲▼ Hehe, du findest _____ nicht!

KB ▶ 6

11 **Ordne den Dialog.**

( ) Gehen wir zusammen?

( ) Super, danke. Kommt Sven auch?

( ) Na klar. Ich hole dich um Viertel

   vor sechs ab.

( ) Um sechs.

( ) Nein. Er bleibt zu Hause. Er ist krank.

(1) Wann fängt die Party denn an?

12 **Was passt? Ergänze.**

....

Kommt ... mit ✦ fängt ... an ✦ kauft ... ein ✦
Bringt ... mit ✦ holt ... ab ✦ Schauen ... an

....

1. Wann _fängt_ der Film _an_? _____ wir den Film _____?

2. Ich muss um fünf zu Hause sein. Mein Vater _____ mich um halb fünf _____.

3. Geht ihr ins Kaufhaus? _____ ihr auch Bleistifte _____?

4. Am Samstag gehe ich auf Annas Party. _____ ihr auch _____,

   Paul und Felix?

5. Papa geht heute Nachmittag in den Supermarkt. Er _____ alles _____.

KB ▸ 7

13 **Kleb die Aufkleber ein.**

das Buch: **A**

Alex findet [ ] langweilig.

die Tasche: **B**

Julia findet [ ] fantastisch.

der Junge: **C**

Lisa findet [ ] süß.

die Vögel: **D**

Paul findet [ ] toll.

14 **Wie findest du das? Schreib Sätze in dein Heft.**

A: Ich finde es cool.

lustig 🐾 fantastisch 🐾 doof 🐾 genial 🐾 langweilig 🐾 cool 🐾 ...

A

Wie findest du das Foto?

B

Wie findest du die Katzen?

C

Wie findest du den Rucksack?

D

Wie findest du die Kette?

E

Wie findest du die Trampolinspringerin?

F

Wie findest du den Hund?

KB ▶ 8

15 Ergänze: *mich, dich, uns, euch, ihn, es* oder *sie*.

1. ◆ Wie findest du die Schauspielerin?

   ▲ Hm, ich finde _sie_____ blöd.

2. ●● Papa, wir gehen auf Felix' Party. Holst du _____ ab?

   ▼ Ja, ich hole _____ um Viertel vor acht ab.

3. Unser Mathematiklehrer heißt Herr Winter. Er ist neu. Ich finde _____ lustig.

4. ● Oh, schau mal! Die Akrobaten! Sie machen eine Pyramide.

   Ich finde _____ fantastisch.

   ◆ Stimmt, sie sind super.

5. Ich möchte ins Kaufhaus. Fährst du _____, Mama?

6. Tschüss Alex! Ich rufe _____ heute Nachmittag an.

KB ▶ 10

16 a Was passt zusammen? Schreib die Wörter zu den Bildern.

~~fah~~ 🐾 spie 🐾 Tram 🐾 Freun 🐾 ckey 🐾 fen 🐾 ~~Ein~~ 🐾 ~~ren~~ 🐾
po 🐾 spring 🐾 Ho 🐾 len 🐾 de 🐾 tref 🐾 lin 🐾 ~~rad~~ 🐾 en

Einrad fahren _____ _____ _____

_____ _____ _____

b Was macht Spaß? Was ist langweilig? Schreib in dein Heft.

Einrad fahren — das macht Spaß.

Deine Lernwörter

Orte

der Spielplatz

_____

der Sportplatz

_____

der Park

_____

das Kaufhaus

_____

das Kino

_____

das Schwimmbad

_____

die Party

_____

die Bibliothek

_____

die Skaterbahn

_____

auf	_____	▲ Gehen wir auf den Sportplatz?
in	_____	▼ Nein, ich gehe in den Park.
aber	_____	● Aber der Park ist langweilig.
wieder	_____	Nicht schon wieder!
dann	_____	▼ Dann gehen wir ins Schwimmbad.
einverstanden	_____	▲ Einverstanden.
die Idee	_____	● Gute Idee.
dich, mich, uns, euch	_____	
ab⊘holen	_____	◆ Ich hole dich ab.
danke	_____	▲ Danke!
an⊘fangen	_____	▲ Wann fängt die Schule an?
(!) du fängst an, er/es/sie fängt an)		● Um acht.

an⊘rufen	_____	Ich rufe euch an.
der Papa	_____	Das hier ist mein Papa.
hier	_____	
fantastisch	_____	Ich finde meinen Papa fantastisch.
an⊘schauen	_____	● Schauen wir einen Film an?
gehen	_____	▲ Ja. Gehen wir zusammen ins Kino?
zusammen	_____	
der Freund	_____	
treffen	_____	Heute treffe ich meine Freunde.
(!) du triffst, er/es/sie trifft)		

das Hockey	_____	Saskia spielt Hockey.

Mach die Übungen. Schau dann auf Seite 90. Wie bist du?
Mal an. 🎾 = 🙁, 🎾🎾 = 🙂, 🎾🎾🎾 = 😃

1 Deine Freundin/Dein Freund möchte heute Nachmittag etwas machen und hat keine Idee. Mach ihr/ihm Vorschläge. Schreib Sätze mit *doch* oder *mal* in dein Heft.

1. Lies doch ein Buch!

 A  B  C  D 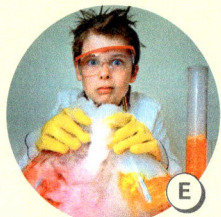 E

2 Lies die Fragen und ergänze deine Antworten.

1. Wann machst du deine Hausaufgaben? Um _____

2. Wann hast du Sport? Am _____ , um _____

3. Wann triffst du deine Freunde? _____

4. Wie spät ist es jetzt? Es ist _____

3 a Ergänze den Dialog.

◆ Was machen wir heute Nachmittag?

▲ Ich möchte _____ . Gehen wir _____ ?

◆ Nicht schon wieder. Ich möchte nicht _____ .

▲ Was machen wir dann?

◆ _____ wir doch _____ .

Ich _____ fahren.

▲ Gute _____ . Das macht _____ !

b Schreibe einen weiteren Dialog in dein Heft.

KB ▸ Einstieg

1 a Finde fünf weitere Wörter und markiere sie.

HKUL(OT-SHIRT)LADSTSCHALÜXCHUWERTHUTM

INUTBRILLEFAKETTEKSYCHERTSCHUHELAGOBNER

b Schreib die Wörter mit **der**, **das** oder **die**.

1. das T-Shirt _____   3. _____   5. _____

2. _____   4. _____   6. _____

KB ▸ 1

2 Was passt zusammen? Schreib die Wörter mit: **der** = **blau**,
das = **grün**, **die** = **rot** oder **die** = **gelb**.

Hose ❀ T-Shirt ❀ Stiefel ❀ Jacke ❀ Bluse ❀ Brille ❀ Rock
Pullover ❀ Schal ❀ ~~Kleid~~ ❀ Mütze ❀ Schuhe ❀ Jeans

(A) das Kleid _____

(B) _____

(C) _____

(D) _____

(E) _____

(F) _____

(G) _____

(H) _____

(I) _____

(J) _____

(K) _____

(L) _____

(M) _____

3 a Unterstreiche die Wörter mit den richtigen Farben: der = blau, das = grün, die = rot oder die = gelb.

der Rock   der Pullover   die Hüte   der Schal   das T-Shirt   die Hosen   das Kleid

die T-Shirts   die Pullover   die Bluse   die Hose   die Jacke   die Mütze   die Jacken

der Hut   die Schuhe   die Röcke   die Schals   die Stiefel   die Kleider   die Blusen

die Mützen   der Stiefel   der Schuh

b Ordne die gelb markierten Wörter ein.

-er

-

-s

ö -e
ü -e

die Röcke

-n/-en

-e

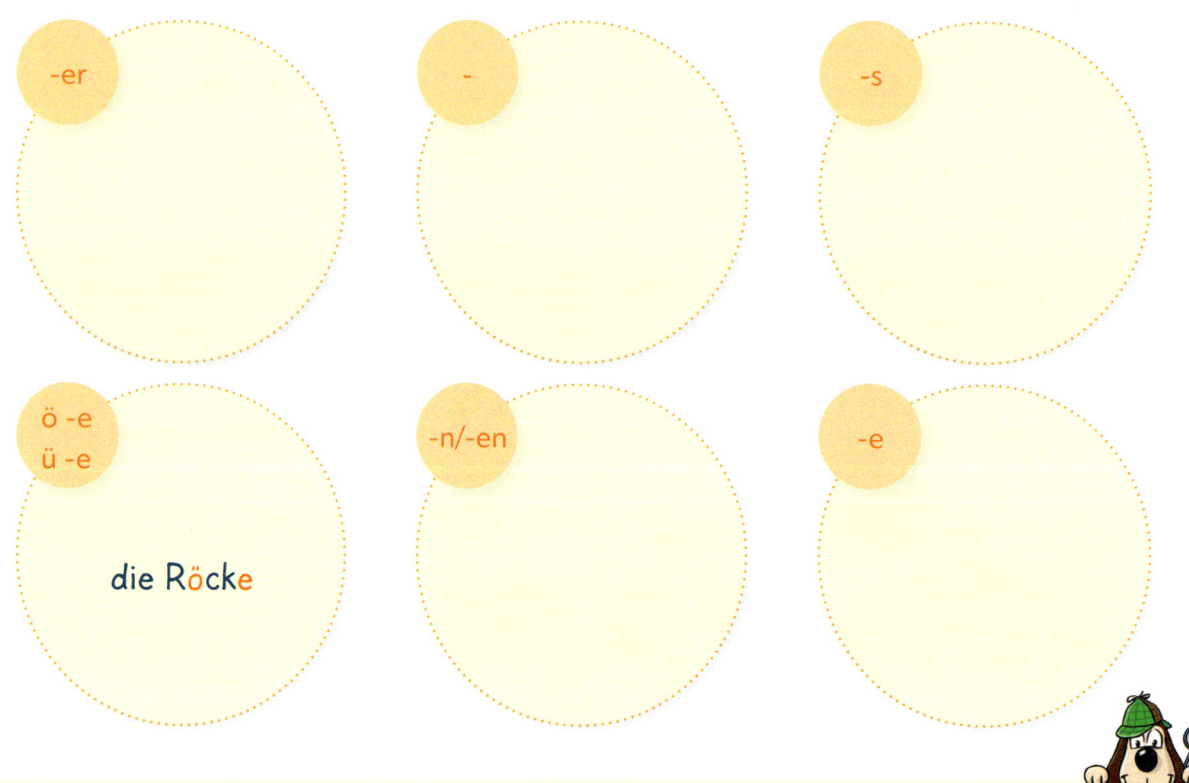

KB ▸ 2

4 a Ergänze: *mir* oder *dir*.

Das Kleid gefällt _____ überhaupt nicht.

Gefallen _____ die Schuhe?

Wie süß!!

Ⓐ

Na ja ...

Ⓑ

b **Kleb die Aufkleber ein.**

ich	Das Kleid gefällt _____ nicht.	
du	Gefallen _____ die Schuhe?	

5 **Ergänze: *mir* oder *dir*.**

1. ◆ Schau mal. Gefällt <u>dir</u> das Kleid?

   ▲ Nein, Kleider gefallen _____ nicht. Aber Röcke gefallen _____ .

   ◆ Röcke gefallen _____ auch. Wie gefällt _____ die Bluse?

   ▲ Hm, die Bluse gefällt _____ nicht so gut.

2. ▼ Wie findest du Fußball?

   ● Cool! Fußball gefällt _____ . Und _____?

   ▼ Fußball und Handball gefallen _____ nicht. Aber Basketball gefällt _____ .

6 **Wer sagt was? Ergänze.**

siehst ... aus • sehen ... aus • sehe ... aus

Deine Schuhe _____ toll _____ .

Na, wie _____ ich _____ ?

Wie _____ du denn _____ ?

3

KB ▶ 5

7 **Ergänze:** *mir* **oder** *dir*.

1. ◆ Papa, kaufst du __mir__ das Fahrrad?
   Es sieht so toll aus!
   ● Du hast doch schon ein Fahrrad!

3. ● Alex, schreibst du _____ eine
   E-Mail?
   ▼ Na klar.

2. ▼ Wir schenken _____ einen Hund.
   ▲ Echt? Super!

4. Ich gebe _____ meinen Sticker.
   Bekomme ich dafür das Autogramm?

8 **Kleb die Aufkleber ein.**

1. Bringst du [ ] [ ] mit?

2. Bitte, kauf [ ] [ ] !

3. Wir bringen [ ] [ ] mit.

4. Ich gebe [ ] [ ] .

9 **In welches Tor muss der Ball? Verbinde.**

1. ▼ Wie  gefällt  das Fahrrad?  dir

   ● Es  gefällt  sehr gut.  mir

2. ◆ Hilfst  du  ?  mir

   Gibst  du  bitte das Buch?  mir

3. ▲ Ich kaufe  den Schal ⬚ . — mir

Gefällt ⬚ der Schal ⬚ ? — dir

◆ Nein. Er sieht hässlich aus.

Der Schal 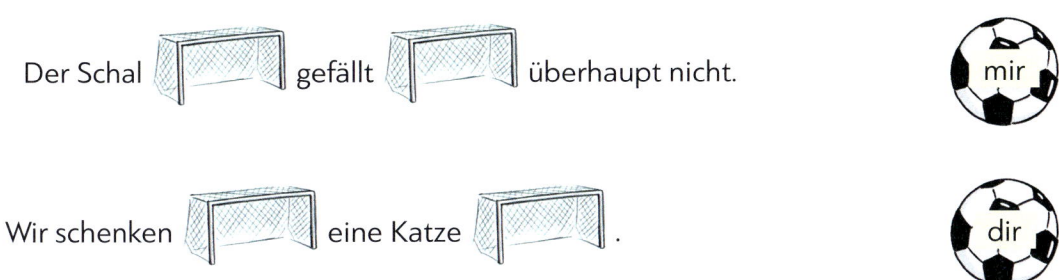 gefällt ⬚ überhaupt nicht. — mir

4. Wir schenken ⬚ eine Katze ⬚ . — dir

KB ▶ 7

10 **Wer macht was gern, was am liebsten und mit wem? Schreib Sätze.**

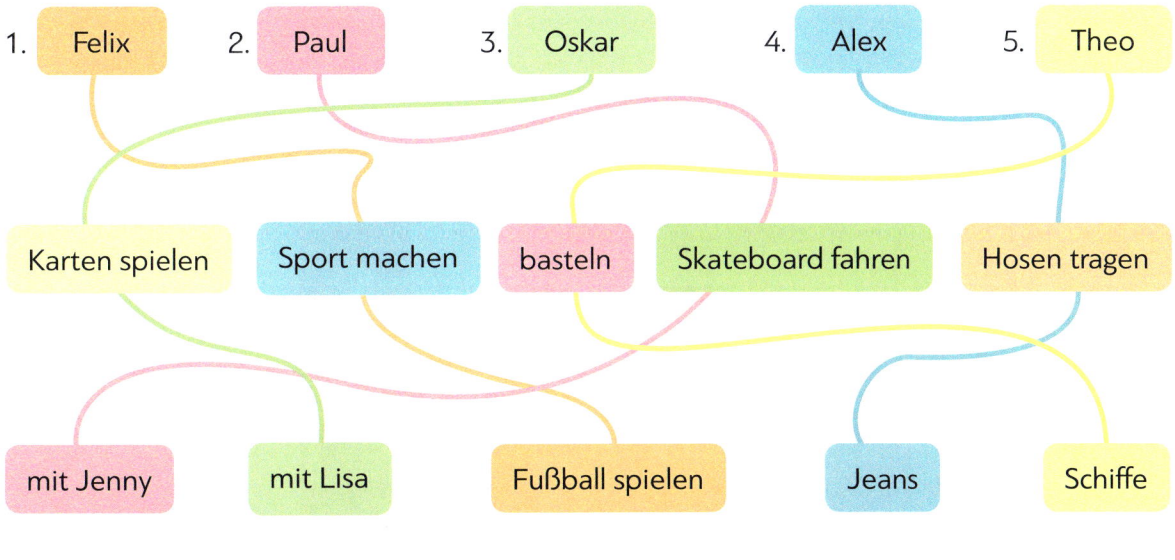

1. Felix   2. Paul   3. Oskar   4. Alex   5. Theo

Karten spielen   Sport machen   basteln   Skateboard fahren   Hosen tragen

mit Jenny   mit Lisa   Fußball spielen   Jeans   Schiffe

1. <u>Felix macht gern Sport, am liebsten spielt er</u> _____

2. Paul _____

3. Oskar _____

4. Alex _____

5. Theo _____

3

KB ▶ 9

11 a **Lies den Dialog und unterstreiche die Wörter mit den / das / die oder dem / dem / der wie im Beispiel.**

◆ Siehst du das Mädchen dort?
◆ Siehst du den Mann dort?
◆ Siehst du auch die Frau dort?
◆ Sie sehen alle so lustig aus.

● Ja, klar, ich sehe das Mädchen mit dem Fahrrad.
● Meinst du den Mann mit dem Hut?
● Meinst du die Frau mit der Brille? Warum fragst du?
● Findest du?

b **Kleb die Aufkleber ein.**

der Mann		Mann		Hut?
das Mädchen	Siehst du	Mädchen	mit	Fahrrad?
die Frau		Frau		Brille?

12 a **Ergänze: *dem* oder *der*.**

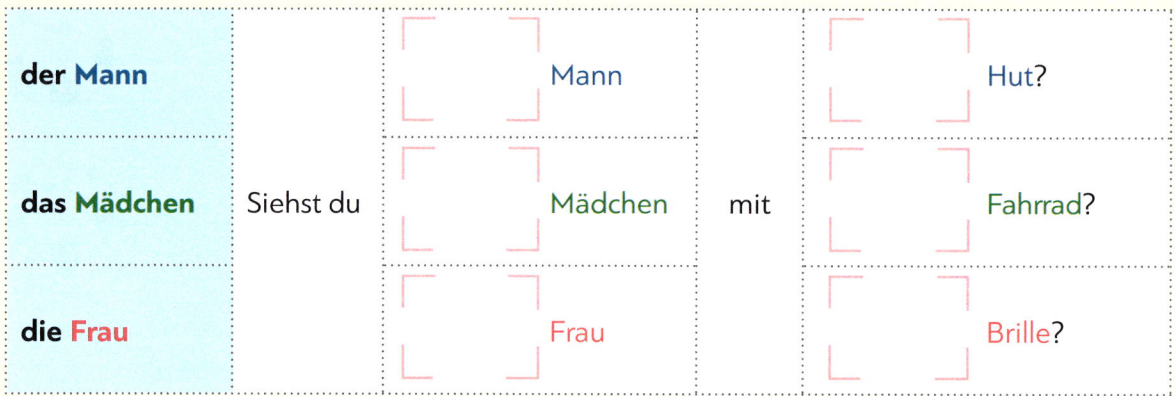

1. Wohin geht das Mädchen mit _der_____ Tasche?

2. Wohin geht der Junge mit _____ Rucksack?

3. Wohin geht der Mann mit _____ Hund?

4. Wohin geht die Frau mit _____ Hut?

5. Wohin geht der Junge mit _____ Cello?

6. Wohin geht der Junge mit _____ Skateboard?

7. Wohin geht die Frau mit _____ Baby?

8. Wohin geht der Junge mit _____ Brille?

9. Wohin geht der Junge mit _____ Fußball?

10. Wohin geht der Junge mit _____ Baseballmütze?

b **Wohin gehen diese Personen? Ergänze die Sätze.**

1. Das Mädchen mit der Tasche _geht auf den Sportplatz._____

3. Der Mann mit dem Hund _____

4. Die Frau mit dem Hut _____

6. Der Junge mit dem Skateboard _____

KB ▸ 11

13 **Was möchten sie werden? Ordne zu und schreib Sätze.**

Zahnärztin 🐾 Sportlehrerin 🐾 Architekt

Ⓐ _Sie möchte _____ werden._____

Ⓑ _Sie _____

Ⓒ _____

Deine Lernwörter

Kleidungsstücke

der Pullover	der Rock	das Kleid	die Bluse	die Hose

_____ _____ _____ _____ _____

die Jacke	die Jeans	die Mütze	die Stiefel

_____ _____ _____ _____

mir, dir	_____	▼ Gefällt dir der Rock?
gefallen	_____	▲ Nein. Er gefällt mir nicht.
(!) du gefällst, er/es/sie gefällt)		
aus⊙sehen	_____	Die Hose sieht hässlich aus!
(!) du siehst aus, er/es/sie sieht aus)		
hässlich	_____	
sehr	_____	Die Stiefel sehen sehr schön aus.
kaufen	_____	Ich kaufe dir Schokolade.
schenken	_____	Schenkst du mir eine Blume?
die E-Mail	_____	Ich schreibe dir eine E-Mail.
tragen (!) du trägst, er/es/sie trägt)	_____	Julia trägt gern Kleider.
am liebsten	_____	Am liebsten trägt sie Röcke.
die Baseballmütze	_____	
der Mann	_____	Der Mann trägt eine Baseballmütze.
mit	_____	Wer ist der Mann mit der Baseballmütze?
will/willst werden	_____	● Was willst du werden?
Ich weiß es nicht.	_____	▼ Ich weiß es nicht.

KB ▸ 2

1 Was passt? Kleb die Aufkleber ein.

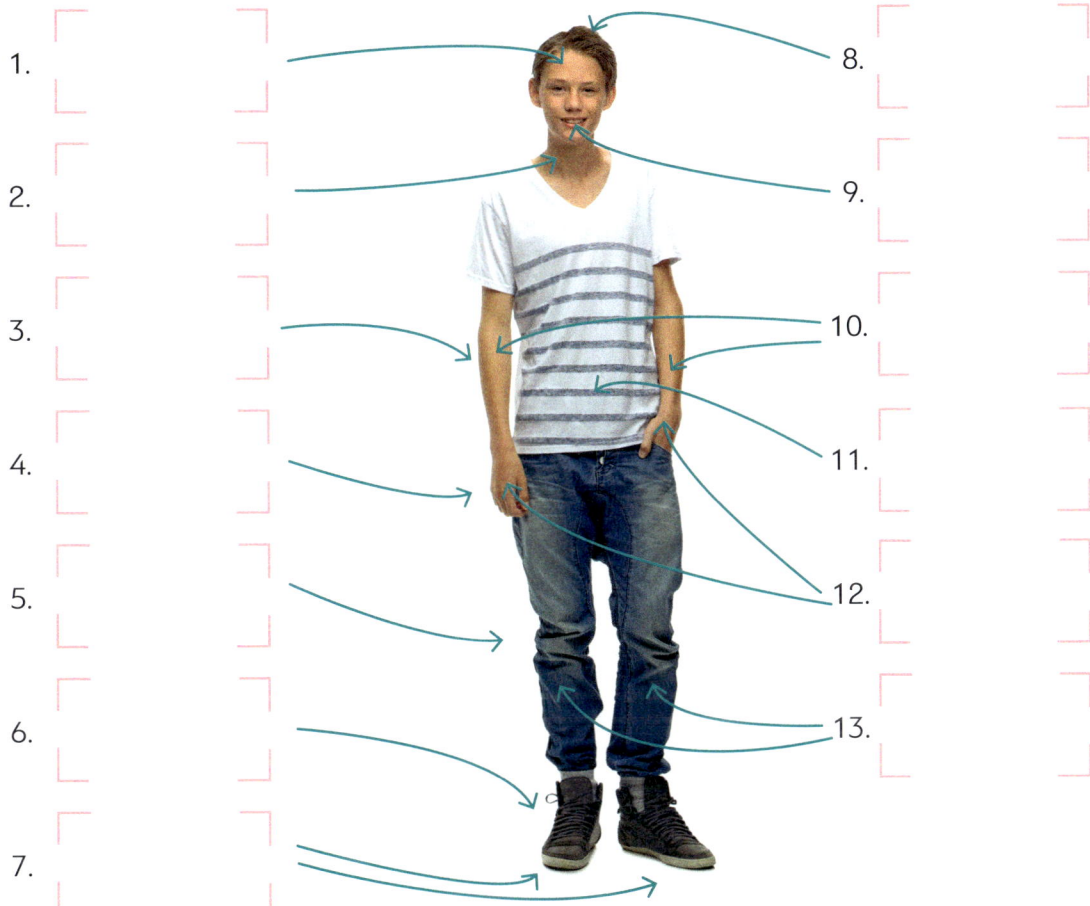

1. 〔 〕
2. 〔 〕
3. 〔 〕
4. 〔 〕
5. 〔 〕
6. 〔 〕
7. 〔 〕

8. 〔 〕
9. 〔 〕
10. 〔 〕
11. 〔 〕
12. 〔 〕
13. 〔 〕

2 Welche Wörter aus **1** passen? Ergänze.

Ein Tausendfüßler hat nicht

1000 _Beine_ . Er hat nur

40 _____ .

Das ist ein Tyrannosaurus Rex.

Sein _____

ist etwa 1 bis 1,70 Meter lang.

Der ostpazifische Delfin hat

252 _____ .

Das ist eine Giraffe.

Ihr _____ ist

2,50 Meter lang.

Der Flamingo schläft immer

auf einem _____ .

3 a Finde sieben weitere Körperteile. Markiere: **der** = **blau**, **das** = **grün**, **die** = **rot** und **die** = **gelb**.

O	B	A	U	C	H	K	A	Z
F	R	E	T	S	A	H	R	U
K	O	P	F	O	L	A	M	Z
A	S	E	R	T	S	N	I	A
S	H	A	A	R	E	D	A	H
U	I	L	S	E	B	E	I	N

b Schreib die Wörter aus **a** mit **der**, **das**, **die** oder **die** zu den Körperteilen.

1. _____

2. _____

3. _____

4. _____

5. _____

6. _der Hals_____

7. _____

8. _____

KB ▸ **4**

4 Was sagen sie? Was tut weh? Wo haben sie Schmerzen? Schreib Sätze.

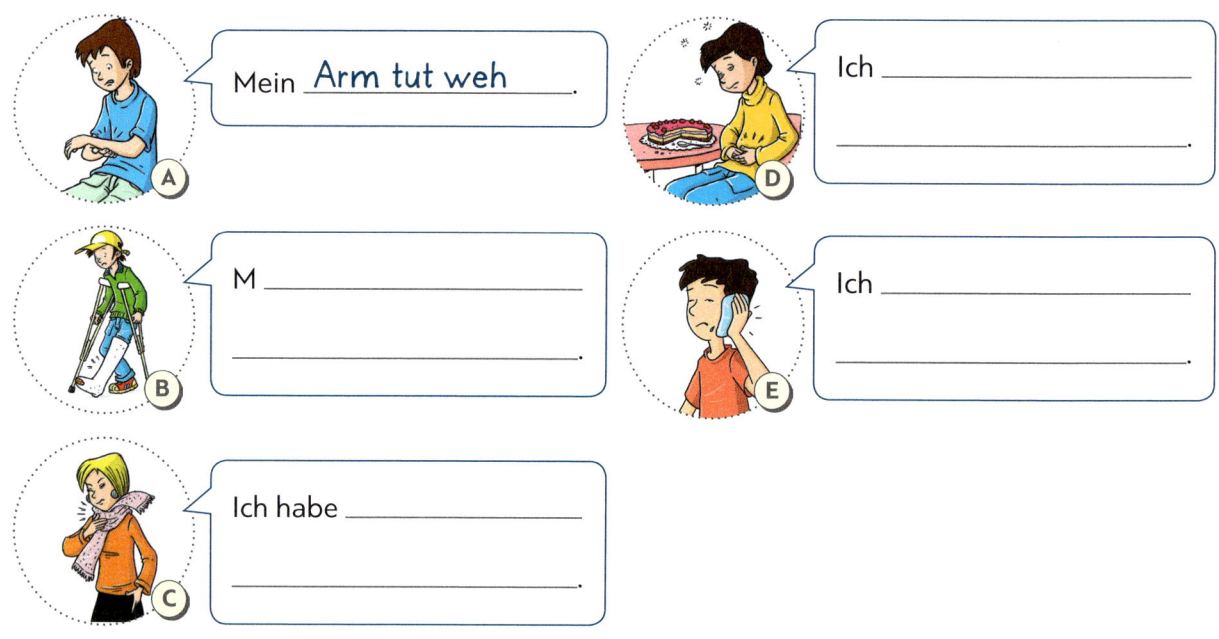

Mein _Arm tut weh____.

Ich _____ .

M _____ _____.

Ich _____ _____.

Ich habe _____ _____.

5 **Ordne den Dialog.**

◯ Das tut mir aber leid. Gute Besserung, Anna.

① Anna, was hast du denn? Bist du krank?

◯ Ich habe Halsschmerzen und mein Kopf tut weh.

◯ Danke.

6 **Was passt zusammen? Verbinde.**

1. Was hast	**a**	Kopfschmerzen und Fieber.
2. Das tut	**b**	du denn?
3. Gute	**c**	krank?
4. Ich habe	**d**	Besserung.
5. Bist du	**e**	mir leid.

KB ▸ 5

7 **Was passt? Ergänze.**

Wie geht es dir? 🐾 Gute Besserung. 🐾
Ich bin krank. Ich gehe nach Hause. 🐾 Nicht so gut.

A

B

C

D

8 **Was passt zusammen? Mal den richtigen Smiley zu den Antworten.**

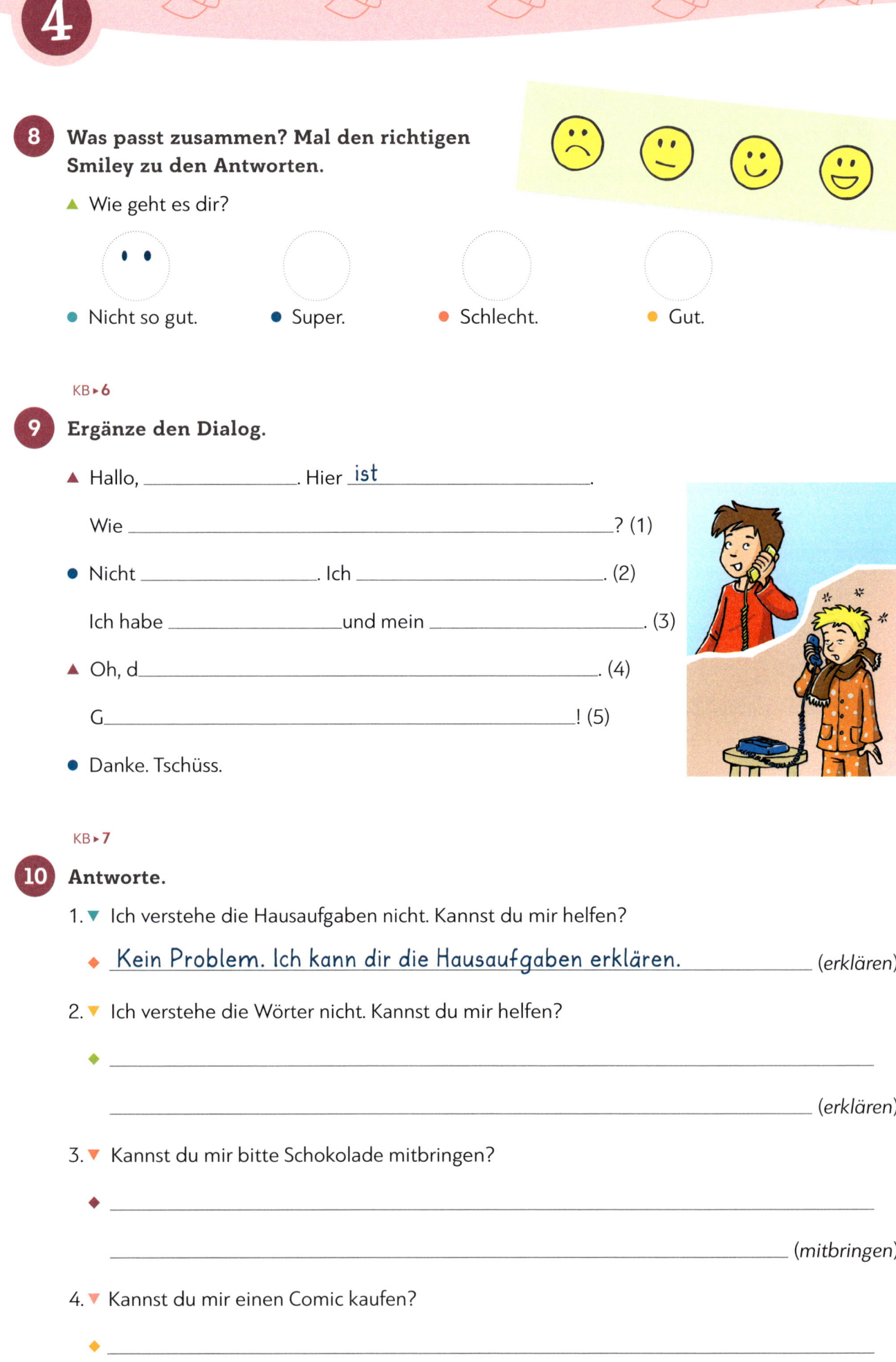

▲ Wie geht es dir?

- Nicht so gut.
- Super.
- Schlecht.
- Gut.

KB ▸ **6**

9 **Ergänze den Dialog.**

▲ Hallo, _____. Hier _ist_____.

Wie _____? (1)

● Nicht _____. Ich _____. (2)

Ich habe _____und mein _____. (3)

▲ Oh, d_____. (4)

G_____! (5)

● Danke. Tschüss.

KB ▸ **7**

10 **Antworte.**

1. ▼ Ich verstehe die Hausaufgaben nicht. Kannst du mir helfen?

   ◆ <u>Kein Problem. Ich kann dir die Hausaufgaben erklären.</u>_____ (erklären)

2. ▼ Ich verstehe die Wörter nicht. Kannst du mir helfen?

   ◆ _____

   _____ (erklären)

3. ▼ Kannst du mir bitte Schokolade mitbringen?

   ◆ _____

   _____ (mitbringen)

4. ▼ Kannst du mir einen Comic kaufen?

   ◆ _____

   _____ (kaufen)

11 Was passt? Ergänze *können* oder *müssen* in der richtigen Form.

1. ■ Mama, <u>kannst</u> du mich um fünf bei Julia abholen?

  ▼ Nein, ich _____ Oskar um fünf bei der Sporthalle abholen.

    Aber ich _____ dich um halb sechs abholen.

2. ◆ Spielen wir heute Nachmittag Fußball?

  ● Ich habe keine Zeit. Ich _____ mein Zimmer aufräumen und

    Hausaufgaben machen. Dann _____ ich Gitarre üben und Englisch lernen.

  ◆ Wir _____ doch zusammen Englisch lernen!

    Ich _____ dir helfen.

3. ◆ Hallo Alex, ich _____ heute nicht kommen.

    Ich _____ zu Hause bleiben. Ich bin krank.

  ▼ Das tut mir aber leid. Was hast du denn?

  ◆ Ich habe Halsschmerzen und Fieber. Ich _____ nicht gut sprechen.

  ▼ Gute Besserung!

4. ▲ Ich treffe Felix und Paul um halb drei. _____ ihr auch kommen?

  ■● Ja, aber wir _____ erst um halb vier kommen.

    Wir _____ noch Schulsachen einkaufen.

KB ▶ **9**

12 a Lies den Dialog und unterstreiche die Verben wie im Beispiel.

●▼ Wo <u>warst</u> du denn gestern, Lisa?
■ Ich war zu Hause.
  Ich hatte Halsschmerzen.
▼ Hattest du auch Fieber?
■ Ja, 38,5 °C. Und wo wart ihr
  gestern Nachmittag?
●▼ Wir waren bei Annika.
  Sie hatte Geburtstag.

b Ergänze die Verben.

	sein	haben
ich		
du	warst	
er/es/sie	war	
wir		hatten
ihr		hattet
sie/Sie	waren	hatten

4

13 Was ist richtig: (a) oder (b) ? Kreuze an und ergänze.

1. Wo _warst_ du denn gestern? Zu Hause?

   (a) bist (X) warst

2. Frau Müller, _____ Sie am

   Sonntag Zeit? Wir machen einen Ausflug.

   (a) haben (b) hatten

3. ● Wo _____ ihr denn gestern

   um 3 Uhr, Lisa und Oskar?

   (a) seid (b) wart

   ■◆ Im Schwimmbad.

4. ● Wer _____ Bill Kaulitz?

   (a) ist (b) war

   ■ Das ist ein Sänger.

5. Kannst du mir helfen? _____

   du heute Nachmittag Zeit?

   (a) Hast (b) Hattest

6. ▲ Wie geht es dir?

   ▼ Schlecht, ich _____

   Kopfschmerzen und Fieber.

   (a) habe (b) hatte

14 Was passt zusammen? Verbinde die Gegenteile.

1. krank
2. langweilig
3. cool
4. gut

   (a) blöd
   (b) schlecht
   (c) gesund
   (d) interessant

15 Wähl eine Person aus und schreib einen Entschuldigungsbrief.

Deine Schwester / Dein Bruder war gestern krank. Sie / Er war nicht in der Schule.

Liebe Frau ... / Lieber Herr ...

_____

_____

_____

_____

_____

Deine Lernwörter

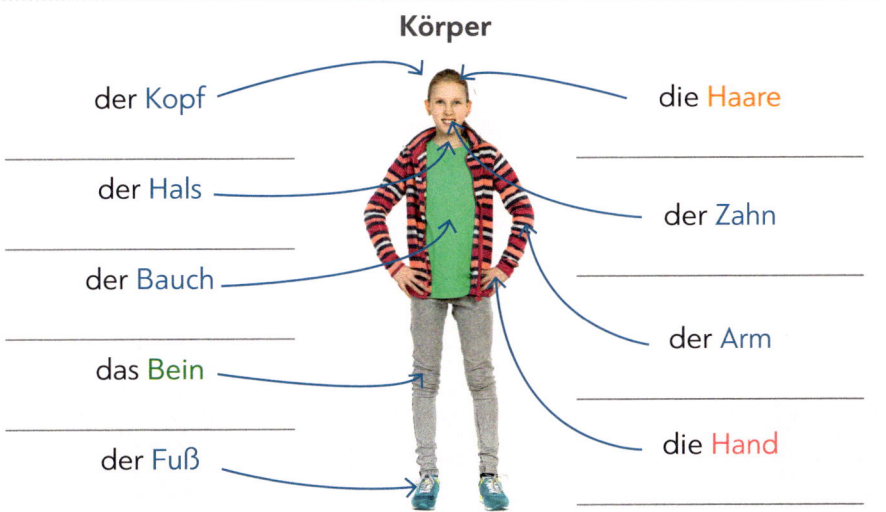

Körper

der Kopf — — — — — — — — — — — die Haare
_____ _____

der Hals — — — der Zahn
_____ _____

der Bauch — — der Arm
_____ _____

das Bein — — die Hand
_____ _____

der Fuß — —
_____ _____

Wie geht es dir?	_____
Nicht so gut.	_____
schlecht	_____
krank	_____
leid 🔧 tun	_____
Gute Besserung!	_____
nach Hause	_____
weh 🔧 tun	_____

▼ Wie geht es dir?
◆ Nicht so gut. Und dir?
▼ Schlecht. Ich bin krank.

◆ Das tut mir leid.
  Gute Besserung!
Ich gehe nach Hause.
Mein Kopf tut weh.

die Kopfschmerzen   die Bauchschmerzen   die Halsschmerzen   die Zahnschmerzen
_____   _____   _____   _____

helfen (❗ du hilfst,
er/es/sie hilft) _____

verstehen _____

erklären _____

der Brief _____

liebe/r _____

gestern _____

herzliche Grüße _____

▼ Kannst du mir helfen? Ich
verstehe die Hausaufgaben nicht.
● Na klar. Ich erkläre dir die
Hausaufgaben.

Liebe Frau Meier,
ich war gestern krank.
Ich hatte Zahnschmerzen.
Herzliche Grüße
Sara Baum

Das kann ich schon

Mach die Übungen. Schau dann auf Seite 90. Wie bist du?
Mal an. 🎨 = ☹, 🎨🎨 = 🙂, 🎨🎨🎨 = 😃

1 Gefallen dir die Kleidungsstücke? Wie
sehen sie aus? Schreib Sätze in dein Heft.

A   B   C   D

A: Die Jacke
gefällt mir. Sie
sieht toll aus.

2 Was machst du (nicht) gern? Was machst du lieber und am liebsten?
Ergänze die Fragen und Antworten.

1. ◆ Trägst du gern _____ ? ▲ _____

2. ◆ Spielst du lieber _____ oder _____ ? ▲ _____

3. ◆ Was _____ am liebsten? ▲ Am _____

3 Was möchten die Personen werden? Schreib Sätze in dein Heft.

Theo möchte
Astronaut werden.

Theo   Jenny   Jan   Saskia   du

4 Du bist krank. Ergänze den Dialog.

● Wie _____ dir?

▲ Schlecht. _____ krank.

● Oh, _____ leid.

Was _____ ?

▲ _____ habe _____ und _____ .

● Gute _____ .

KB ▸ Einstieg

1 **Was ist das? Schreib die Wörter richtig.**

1. erKtan elpesin _Karten spielen_

2. neles _____

3. atzenn _____

4. sgeinn _____

5. tinere _____

6. goentaforifer _____

7. kudouS seniple _____

8. pEntemereix cnemah _____

9. deBlri nemal _____

2 **Was passt zusammen? Schreib die Wörter zu den Bildern.**

sack ❖ E̶i̶n̶ ❖ bürs ❖ dung ❖ la ❖ Schlaf ❖ te ❖ Zahn

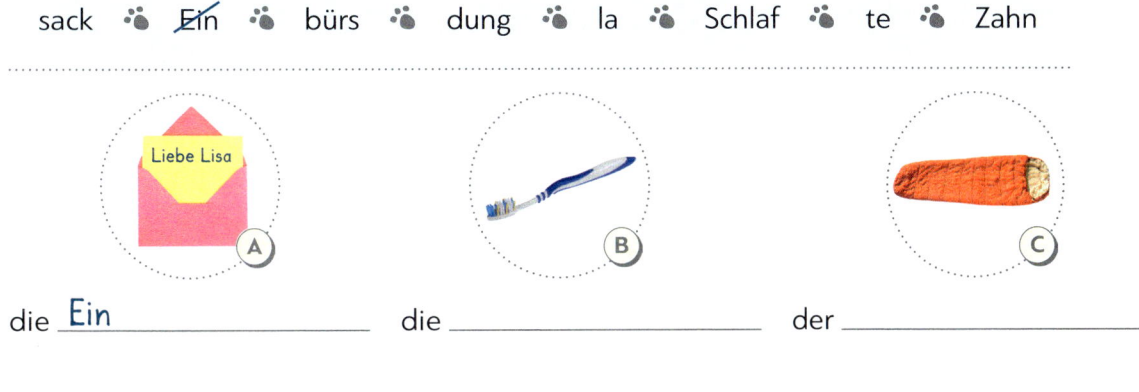

die _Ein_____   die _____   der _____

_____   _____   _____

KB ▸ 1

3 **Ergänze die Geburtstagsnachricht.**

Lieber Maximilian,

a<u>ll</u>es ____ut__ z___m ___e____rt____ag.

Dei_____ _____

5

KB ▸ 3

4 Wann ist die Party? Ergänze die Ordnungszahlen.

1.	am **ersten**	**11.**	am elf**ten**
2.	am zwei**ten**	**15.**	
3.	am **dritten**	**19.**	am neunzehn**ten**
4.	am vierten	**20.**	am zwanzig**sten**
5.		**21.**	am einundzwanzig**sten**
6.		**25.**	
7.	am **siebten**	**28.**	
8.	am ach**ten**	**30.**	
9.		**31.**	
10.	am zehn**ten**		

Die Party ist am 14. / am vierzehnten Mai.

KB ▸ 4

5 Wann hast du Geburtstag und wann hast du Namenstag? Wann haben deine Eltern, Großeltern, Geschwister und Freunde Geburtstag und Namenstag? Schreib Sätze in dein Heft und lies sie dann laut vor.

Ich habe am ...
Meine ...

KB ▸ 5

6 a Lies den Text und unterstreiche die Verben wie im Beispiel.

Ich <u>will</u> ausschlafen.
Du willst um sieben aufstehen.
Er will Salat essen.
Sie will Pizza essen.
Wir wollen Fußball spielen.
Ihr wollt Hockey spielen.
Lisa und Julia wollen ins Kino gehen.
Alex und Paul wollen auf den Sportplatz gehen.

b Ergänze die Verben.

	wollen
ich	will
du	
er/es/sie	
wir	
ihr	
sie/Sie	

7 **Ergänze *wollen* in der richtigen Form.**

1. ● Wir gehen auf die Skaterbahn. <u>Willst</u> du mitkommen?

   ▼ Nein, ich _____ ins Kino gehen.

2. ▲ Wohin fährst du in den Ferien?

   ◆ Keine Ahnung. Ich _____ nach Italien fahren, aber meine Eltern

   _____ nach Spanien. Und mein Bruder _____

   zu Hause bleiben.

3. ▼ _____ ihr Pizza essen?

   ▲▼ Nein, wir _____ lieber Nudeln und Salat essen.

4. ◆ Ich bin müde. Gute Nacht!

   ● Was? _____ du schon schlafen?

8 **Was ist richtig? Lies die Nachricht und unterstreiche.**

```
Hallo Alex,
wir (wollen / müssen) (1) ja am Sonntag alle zusammen ins Kino
gehen, aber ich (kann / muss) (2) nicht. Wir schreiben doch am
Montag den Englisch-Test und da (kann / muss) (3) ich lernen.
Felix (muss / will) (4) auch lernen und Julia und Lisa (können /
müssen) (5) sicher auch lernen. Nur du (musst / willst) (6)
nicht lernen, du (musst / kannst) (7) ja so gut Englisch. Ich
habe eine Idee. Wir (müssen / wollen) (8) ja nicht am Sonntag
lernen, wir (wollen / können) (9) das doch alle zusammen am
Samstag machen. Dann (können / müssen) (10) wir am Sonntag ins
Kino gehen. Was meinst du?
Paul
```

9 **Ordne den Dialog.**

○ Um acht.

○ Paul?!

① Wann stehen wir denn auf?

○ Ihr könnt ja früh aufstehen und aufräumen. Ich schlafe aus.

○ Aber wir müssen noch aufräumen.

○ Um acht? Oh nein, ich will ausschlafen.

10 **Wie heißt das Verb? Schreib es auf. Ergänze dann den Satz.**

aufstehen: _____   _____   _____

Sie _____   Er _____   Sie _____

_____   _____   _____

KB ▶ 7

11 **Was passt? Ergänze.**

am Nachmittag • am Mittag • ~~am Morgen~~ • am Vormittag • am Abend

am Morgen _____   _____   _____

_____   _____

KB ▶ 8

12 a Lies die E-Mail und unterstreiche die Verben wie im Beispiel.

An: _____@plc.de   Von: Aaron@plc.de   Betreff: Mein Tag

Hallo ...,
du <u>fragst</u>, was ich jeden Tag mache. Also, am Morgen stehe ich um
halb sieben auf. Nur am Sonntag schlafe ich aus. Die Schule fängt
um acht an. Am Mittag gehe ich nach Hause. Am Nachmittag treffe
ich Freunde, spiele Fußball, mache Hausaufgaben, gehe einkaufen
oder räume auf. Ich muss aber nicht jeden Tag aufräumen. ;-)
Am Abend höre ich Musik, spiele Computerspiele oder lese.
Und wie ist dein Tag?
Aaron

b Wie ist dein Tag? Lies die Fragen und notiere deine Antworten.

1. Wann stehst du auf?
2. Wann schläfst du aus?
3. Wann fängt die Schule an?
4. Was machst du am Nachmittag?
5. Wann räumst du dein Zimmer auf?
6. Was machst du am Abend?

1. Um ...

c Schreib mit deinen Notizen aus **b** eine
Antwort an Aaron in dein Heft.

Hallo Aaron, ich stehe um ...

KB ▶ 11

13 Wo möchten Julia, Paul und Lisa übernachten? Kleb die Aufkleber ein.

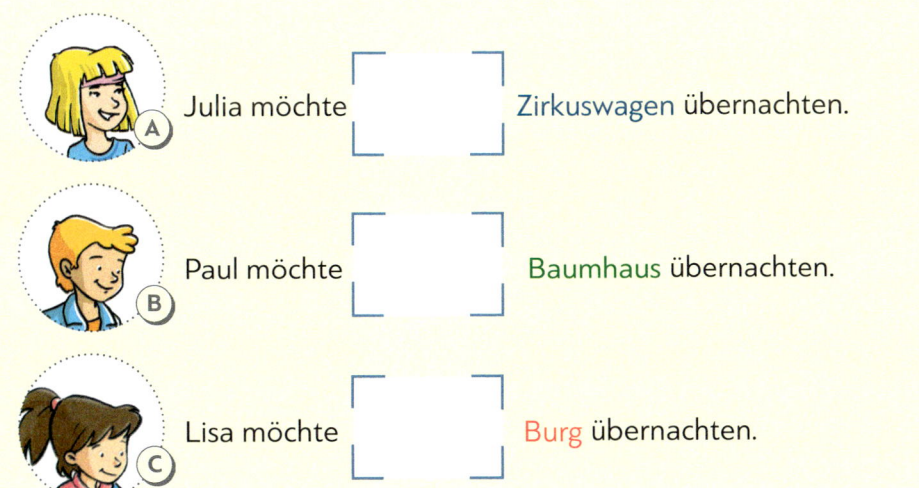

Ⓐ Julia möchte [   ] Zirkuswagen übernachten.

Ⓑ Paul möchte [   ] Baumhaus übernachten.

Ⓒ Lisa möchte [   ] Burg übernachten.

5

14 a Wer wohnt wo? Verbinde.

Pala A — Siegfried B — Ricky C — Elena D

wohnt

_____ Baumhaus.

_____ Zirkuswagen.

_____ Burg.

_____ Iglu.

b Ergänze in a: *im* oder *in der*.

15 Wo sind die Personen? Unterstreiche die Orte mit den richtigen Farben:
der = **blau**, **das** = **grün**, **die** = **rot**. Markiere dann die richtige Lösung wie
im Beispiel.

1. Am Nachmittag bin ich in der / im Kino.
2. Am Sonntag bin ich in der / im Park.
3. Wir sind heute im / in der Schwimmbad.
4. Am Abend ist Jenny früh im / in der Bett.
5. Julia und Paul sind im / in der Klasse.
6. Lisa ist heute im / in der Bibliothek.

16 Wohin gehen die Personen? Was passt nicht? Streiche durch.

1. Wir gehen in die Sporthalle. / ins Kino. / im Park.
2. Wir gehen ins Kaufhaus. / in der Bibliothek. / in die Schule.
3. Er geht in die Klasse. / ins Bett. / im Schwimmbad.

17 a Lies den Dialog und unterstreiche die Orte wie im Beispiel.

Jenny: Hallo Paul, wohin gehst du?
Paul: Ich gehe mit meinem Vater ins Kino.
Jenny: Oh, und wo sind deine Mutter und deine Schwester?
Paul: Meine Mutter ist im Kaufhaus. Sie braucht Schuhe. Und meine Schwester
ist im Park. Sie trifft Freunde. Wohin gehst du?
Jenny: Ich gehe in die Bibliothek. Ich muss Englisch lernen.
Paul: Ah, Lisa und Julia sind auch in der Bibliothek.
Jenny: Ja, ich treffe sie. Wir lernen Englisch und dann gehen wir auch in den Park.
Paul: Cool. Viel Spaß!

b Ergänze die unterstrichenen Wörter aus **a**.

Wo? 🧍		Wohin? 🏃→▢	
Park			Park
Kaufhaus		ins	Kino
Bibliothek			Bibliothek

KB ▶ 12

18 Schau die Bilder an und ergänze die Geschichte.

Jenny geht __in den__ Park. (1) _____ Park trifft sie Lisa. (2) Zusammen

gehen sie _____. (3) _____ Kaufhaus

treffen sie _____. (4) Jenny, Lisa und Felix _____

_____. (5) _____

_____ treffen sie Alex. (6) Alle vier _____

_____. (7) _____ Schwimmbad treffen sie

_____. (8) Jenny, Lisa, Felix, Alex und Julia _____

_____. (9) _____ Kino _____ Paul. (10) Sie schauen

einen Film an. Aber was macht Jenny? _____. (11)

Deine Lernwörter

die Einladung　＿＿＿＿＿＿＿＿＿＿＿

der Schlafsack　＿＿＿＿＿＿＿＿＿＿＿

die Zahnbürste　＿＿＿＿＿＿＿＿＿＿＿

der Geburtstag　＿＿＿＿＿＿＿＿＿＿＿
- Ich habe heute Geburtstag.

Alles Gute zum
Geburtstag!　＿＿＿＿＿＿＿＿＿＿＿
- Alles Gute zum Geburtstag!

wollen (!) du willst,　＿＿＿＿＿＿＿＿＿＿＿
er/es/sie will)
- ▼ Willst du tanzen?
- ▲ Nein. Ich will Musik hören.

aus schlafen (!) du　＿＿＿＿＿＿＿＿＿＿＿
schläfst aus, er/es/sie
schläft aus)
- Schläfst du am Wochenende aus?

auf stehen　＿＿＿＿＿＿＿＿＿＿＿

früh　＿＿＿＿＿＿＿＿＿＿＿
- ◆ Nein, ich stehe um 6 Uhr auf.

das Bett　＿＿＿＿＿＿＿＿＿＿＿
- ▲ Ich gehe heute früh ins Bett.

Gute Nacht!　＿＿＿＿＿＿＿＿＿＿＿
- Gute Nacht!

die Nacht　＿＿＿＿＿＿＿＿＿＿＿

Tageszeiten

am Morgen　　am Vormittag　　am Mittag　　am Nachmittag　　am Abend

＿＿＿＿＿＿　＿＿＿＿＿＿　＿＿＿＿＿＿　＿＿＿＿＿＿　＿＿＿＿＿＿

---

die Schule　＿＿＿＿＿＿＿＿＿＿＿　Am Morgen gehe ich in die
Schule.

Unterkünfte

das Baumhaus　　die Burg　　das Iglu　　der Zirkuswagen

＿＿＿＿＿＿　＿＿＿＿＿＿　＿＿＿＿＿＿　＿＿＿＿＿＿

übernachten　＿＿＿＿＿＿＿＿＿＿＿　Heute übernachten wir in einem
Iglu.

wohnen　＿＿＿＿＿＿＿＿＿＿＿
- ▲ Wohnst du in Berlin?
- Nein, ich wohne in Hamburg.

KB ▸ 1

1 Schreib die Wörter in Farbe (**der** = **blau**, **das** = **grün** oder **die** = **rot**) zu den Bildern.

die Toilette ⚫ der Balkon ⚫ das Schlafzimmer ⚫ das Bad ⚫
der Garten ⚫ das Wohnzimmer ⚫ die Küche ⚫ das Kinderzimmer

_____ _____ _____ _____

_____ _____die Toilette_____ _____

_____ _____ _____ _____

KB ▸ 3

2 a Lies den Dialog und unterstreiche die Formen von *unser* und *euer*.

Nadja: Hallo Lisa. Wie geht's?
Lisa: Ach, Nadja. Ich bin sauer. Unser Haus passt nicht.
Nadja: Was? Aber euer Haus hat doch fünf Zimmer! Eure Zimmer sind groß,
            euer Garten ist groß, eure Küche ist groß ...
Lisa: Das ist richtig, unser Haus hat fünf Zimmer, unsere Zimmer sind groß,
            unser Garten ist groß, unsere Küche ist groß, aber unser Bad ist grün.
Nadja: Euer Bad ist grün?
Lisa: Ja, grün, nicht blau.
Nadja: Na, das ist ja blöd.

b Ergänze die Formen von *unser* und *euer*.

Garten	Haus/Bad	Küche	Zimmer
	unser		
	euer		

6

3 **Julia beschreibt ihre Wohnung. Ergänze.**

Das ist unsere __Wohnung__ . (1) Wir haben drei

_____ , eine _____ und ein

_____ . (2) Das _____ ist schwarz und weiß. (3)

Das _____ ist sehr

klein. (4) Da schläft mein Vater.

Mein _____ finde ich sehr

schön. (5) Es ist groß und _____ . (6) Das ist meine

Lieblingsfarbe. Unser _____

ist sehr groß. (7) Auch unser _____

ist sehr groß. (8)

4 **Was passt? Ergänze.**

eure ❧ unsere ❧ ~~unseren~~ ❧ unser ❧
euer ❧ unser ❧ euren ❧ euer

1. ◆▲ Hey, wir gehen jetzt in __unseren__ Garten. Kommt ihr mit?

   ▼● Oh ja, wir kommen gern mit in _____ Garten.

2. ◆ Wo ist _____ Hund?

   ▲ _____ Hund? Wir haben eine Katze.

3. ◆▲ Wir suchen _____ Fahrräder.

   ● Sind _____ Fahrräder blau? Sie sind hier.

4. ● Wie findet ihr _____ Bild?

   ◆■ Hm, _____ Bild finden wir interessant.

KB ▸ 6

5 a **Was passt? Ordne zu.**

Wow, toll! Macht ein Foto! ·☙ ~~Ruft doch an!~~ ·☙
Schreibt eine Karte! ·☙   Dann hört jetzt gut zu!

Oje, wir haben keine Adresse, nur die Telefonnummer.

Wir verstehen das nicht.

A

B

Ruft doch an! _____ _____

C

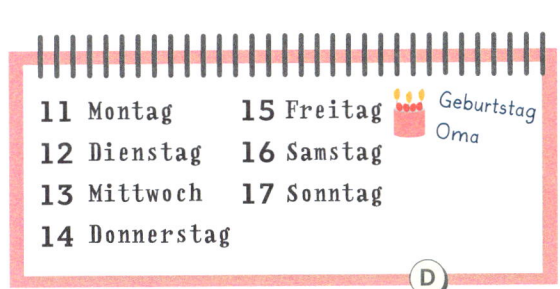

11 Montag	15 Freitag	Geburtstag Oma
12 Dienstag	16 Samstag
13 Mittwoch	17 Sonntag
14 Donnerstag

D

_____ _____

b **Ergänze die Verben aus a.**

1. Schreibt ihr eine E-Mail?

   Schreib_t_ eine E-Mail!

2. Macht ihr ein Foto?

   Mach___ ein Foto!

3. Ruft ihr an?

   Ruf___ an!

4. Sprecht ihr Englisch?

   Sprech___ Englisch!

5. Hört ihr jetzt zu?

   Hör___ jetzt zu!

6. Lernt ihr den Text?

   Lern___ den Text!

6 **Was ist richtig: ⓐ, ⓑ oder ⓒ? Kreuze an und ergänze.**

1. _Macht_____ ein Foto!

   ⓐ Machst   ⊗ Macht   ⓒ Machen

2. _____ bitte Oma an!

   ⓐ Rufen   ⓑ Rufst   ⓒ Ruft

3. _____ eine Karte!

   ⓐ Schreibt   ⓑ Schreiben   ⓒ Schreibst

4. _____ jetzt gut zu!

   ⓐ Hörst   ⓑ Hört   ⓒ Hören

KB ▶ 10

7 a Paul hat eine Sedcard an die Casting-Agentur geschickt. Lies seine Angaben.

Name	Paul Meier
Alter	11
Haarfarbe	blond
Augenfarbe	blau
Größe	1,54 m (= 1 Meter 54)
Adresse	Lange Straße 28
Telefon	069-1234756
E-Mail	paul@plc.de
Hobbys	Ich spiele Fußball, fahre Skateboard, gehe gern ins Kino und spiele gern Computerspiele.

b Beschreib Paul. Wie sieht er aus? Welche Hobbys hat er? Schreib Sätze in dein Heft.

> Paul ist …
> Seine Haare …

KB ▶ 13

8 a Unterstreiche die Verbformen mit *haben* wie im Beispiel.

> Also, das war ganz einfach: Ich habe gemacht, was ihr gesagt habt. Ich habe eine E-Mail geschickt und ich habe auch noch telefoniert. Ich habe gesagt, ich will Schauspieler werden. Und ich habe ein Foto geschickt. Gestern, beim Casting, habe ich mit dem Schauspieler Peter gespielt und gelacht und so …

b Ergänze die Verbformen.

	haben	
ich	habe	gemacht
du		
er/es/sie		
wir		
ihr	habt	gesagt
sie/Sie		

9 a Unterstreiche die Verbformen wie in 8a.

> Ich habe viel gefragt und Texte gelernt. Ich habe nicht getanzt und ich habe keine Musik gemacht. Aber ich habe Autogramme gesammelt!

b Ergänze.

1. _fragen_ ▸ gefragt

2. _____ ▸ gelernt

3. _____ ▸ getanzt

4. _____ ▸ gemacht

5. _____ ▸ gesammelt

c Lies und vergleiche.

machen – **ge**...**t**	telefonieren – ...**t**
machen – **ge**mach**t**	telefonieren – telefonier**t**

10 a In welche Kiste kommen die Verbformen? Ergänze.

gespielt ⦂ telefoniert ⦂ gelernt ⦂ gemacht ⦂ gezeigt ⦂
geübt ⦂ getanzt ⦂ erklärt ⦂ gehört ⦂ gesagt

gespielt,

telefoniert,

①　②

b Was passt? Schreib auf den Deckel der Kisten.

...t ⦂ ge... t

6

11 Bau Sätze. Wähl aus jeder Spalte (a) – (e) Wörter aus.
Schreib sie in die richtigen Felder.

a	b	c	d	e
Meine Schwester		gestern	Fußball	**gezeigt.**
Theo		mit Oma	Fotos	**gemacht.**
Mein Hund	hat	heute früh	Bilder	**gelernt.**
Unsere Trainerin		im Stadtpark	Texte	**gemalt.**
Jonas		in den Ferien	Videos	**gespielt.**

a	b	c	d	e
1. Meine Schwester				
2.				
3.				
4.				
5.				

12 Was haben Lena und Pit gestern gemacht? Ergänze die Sätze.

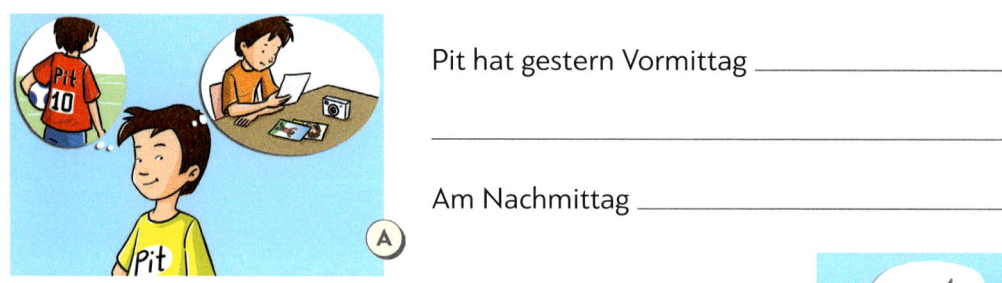

Pit hat gestern Vormittag _____

_____

Am Nachmittag _____

Lena _____

_____

Am Nachmittag _____

Deine Lernwörter

6

Wohnen

das Kinderzimmer

_____

das Schlafzimmer

_____

der Balkon

_____

die Toilette

_____

das Wohnzimmer

_____

das Bad

_____

der Garten

_____

die Küche

_____

euer, euer, eure	_____
unser, unser, unsere	_____
das Haus	_____
groß	_____
die Wohnung	_____
klein	_____
passen	_____
schicken	_____
die Adresse	_____
die Telefonnummer	_____
das Auge	_____
blond	_____
die Straße	_____
das Video	_____
lachen	_____
der Text	_____
zeigen	_____
sagen	_____
der Fehler	_____

● Ist das euer Garten?

▲ Ja, das ist unser Garten.

◆ Euer Haus ist groß.

▼ Unsere Wohnung ist klein.

Die Hose passt.

Ich schicke dir einen Brief.

Gibst du mir bitte deine Adresse?

Meine Telefonnummer ist 069 ...

Ihre Augen sind grau.

Paul und Julia sind blond.

◆ Meine Freunde und ich haben ein Video gemacht.

Wir haben viel gelacht.

Wir haben auch einen Text geschrieben.

▲ Zeigst du mir das Video?

Was sagst du?

Ich habe einen Fehler gemacht.

Das kann ich schon

Mach die Übungen. Schau dann auf Seite 90. Wie bist du?
Mal an. 🎊 = 🙁, 🎊🎊 = 🙂, 🎊🎊🎊 = 😃

1 **Du hast Geburtstag. Ergänze den Dialog.**

● Ich _____ heute Geburtstag.

▼ _____ zum _____ !

● Danke. Wann _____ Geburtstag?

▼ Am _____ .

2 **Was willst du am Wochenende machen? Ergänze die Sätze.**

Am Samstag will ich _____ .

Dann will _____ .

Am Sonntag _____ .

3 **Beschreib dein Haus / deine Wohnung.**

Wir haben ein / eine _____ . Unser / Unsere _____

ist _____ . Wir haben _____ und

_____ . Mein Zimmer _____

_____ . Unser Wohnzimmer _____ .

4 **Wie siehst du aus? Schreib Sätze und kleb ein Bild von dir ein.**

Ich _____ alt.

_____ bin _____ m groß.

_____ Augen _____ .

Meine Haare _____ .

KB ▶ Einstieg

1 a Welche Wörter passen zum Thema Schule? Unterstreiche die Wörter.

Fach Geburtstag aufschreiben Heft gefallen Kugelschreiber Fuß

Hausaufgaben aufpassen Kette Spitzer Buntstift Lehrerin/Lehrer

essen tragen Bleistift Rucksack Schokolade Radiergummi Ärztin/Arzt

sprechen Stunde Stundenplan Pinsel Block Mäppchen Unterricht

Buch Füller Salat lesen Pause CD Schulsachen Lineal hören

schlafen Brille Filzstift Klasse Schüssel gefallen schreiben

Schülerin/Schüler fliegen Fehler fragen Einladung Malkasten

Schultasche Boot Geschenk Ferien lernen

b Zeichne eine Tabelle in dein Heft.
Ergänze die unterstrichenen Wörter
aus a und schreib die Nomen mit:
der = **blau**, **das** = **grün**, **die** = **rot**
oder **die** = **gelb**.

Nomen	Verben
das Fach	aufschreiben
...	...

KB ▶ 1

2 Was passt? Ordne zu.

Hip-Hop •⋅ Cheerleading •⋅ Kung-Fu

A

B

C

_____   _____   _____

KB ▸ 2

3 **Was passt? Ordne zu und schreib die Wörter mit der, das, die oder die.**

Ring • Hut • Tasche • Uhr • <u>Ohrringe</u> • Schal

1. die Ohrringe

2. _____

3. _____

4. _____

5. _____

6. _____

4 a **Was passt zusammen? Verbinde.**

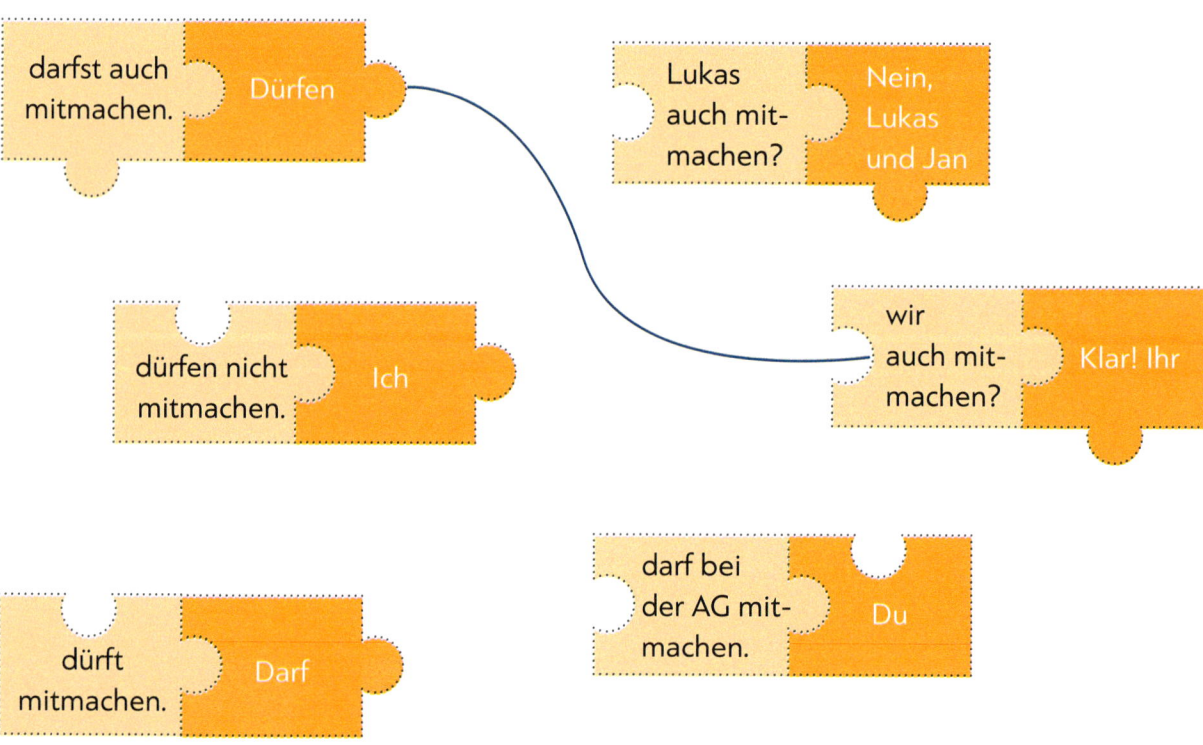

b **Unterstreiche die Formen von *dürfen* in a. Ergänze dann die Formen.**

	dürfen		**dürfen**
ich	darf	wir	
du		ihr	
er / es / sie		sie / Sie	

5 **Ergänze *dürfen* in der richtigen Form.**

1. *Felix:*   Weißt du schon, Lisa, Bianca und Alex _dürfen_ bei

   der Kung-Fu-AG mitmachen.

   Paul: Nein, nur Alex _____ mitmachen.

   Felix: Nein. Sie _____ alle mitmachen.

2. *Oskar:*   Lisa, _____ ich dein Handy nehmen?

   Lisa: Hm, ja.

   Oskar: Kann ich es auch in die Schule mitnehmen?

   Lisa: Nein! Das _____ du nicht.

3. *Felix/Paul:*   Guten Tag, Frau Mühlheim, _____ wir Sie etwas fragen?

   Frau Mühlheim: Natürlich! Ihr _____ mich immer fragen.

6 **Was dürfen sie? Was dürfen sie nicht? Ordne zu und ergänze die Sätze.**

Wasser trinken • nicht laut sprechen •
auf die Toilette gehen • ~~keine Pause machen~~

Oskar _darf keine Pause_

machen.

Kai und Emil _____

_____

Karl _____

_____

Lili und Stefan _____

_____

7

KB ▶ 3

7 a **Lies die Sprechblase. Unterstreiche die Wörter mit *vor/nach* wie im Beispiel.**

> <u>Vor der Schule</u> esse ich Müsli mit Joghurt. Dann gehe ich in die Schule. Vor der ersten Pause habe ich Deutsch und Englisch. Nach der Pause habe ich Geografie, Mathematik und Kunst. Nach dem Unterricht habe ich Kung-Fu-Training. Vor dem Training trinke ich Wasser und esse eine Banane. Nach dem Training gehe ich nach Hause und esse. Nach dem Essen mache ich meine Hausaufgaben.

b **Ergänze *dem* oder *der*.**

	Unterricht
vor/nach	Training/Essen
	Schule/Pause

8 **Ergänze *vor* oder *nach* und dem/dem/der.**

1. <u>Vor der</u> Schule esse ich eine Banane und Müsli.

   _____ Schule esse ich

   am liebsten Nudeln.

2. Heute habe ich Fußball-Training.

   _____ Training mache ich

   meine Hausaufgaben.

   _____ Training treffe

   ich meine Freunde.

Mo
15:00 Fußball
16:30 Jan + Timo

3. _____ Pause haben

   wir Biologie. Wir müssen Experimente machen.

   Das finde ich langweilig.

Mo	Di
Deutsch	___
Englisch	___
Pause	___
Biologie	___
Biologie	

KB ▶ 5

9 a Lies den Dialog und unterstreiche die Formen von *welch-*.

- ● <u>Welchen</u> Lehrer oder welche Lehrerin findest du gut?
- ◆ Frau Weber.
- ● Welche Fächer unterrichtet sie?
- ◆ Musik und Deutsch.
- ● Welches Fach findest du toll?
- ◆ Musik.
- ● Und welche Note hast du in Musik?
- ◆ Eine Eins.
- ● Welches Fach findest du doof?
- ◆ Sport. Aber der Sportlehrer ist gut.
- ● Welchen Sportlehrer hast du?
- ◆ Herrn Grün.

b Ergänze die richtige Form von *welch-*.

	Lehrer
	Fach
welche	Klasse/Lehrerin/ Note
	Fächer

10 Interview: Schreib Fragen zu folgenden Punkten.

1. Lieblingsfach   <u>Welches Lieblingsfach</u>
2. Note   _____
3. Hobbys   _____ hast du?
4. Beruf (Mutter)   _____ deine Mutter?
5. Film   <u>Welchen Film</u>
6. Farbe   _____ findest du toll?

KB ▸ 6

11 Wie heißen die Verkehrsmittel? Lös das Rätsel und ergänze
die Buchstaben im Lösungswort.

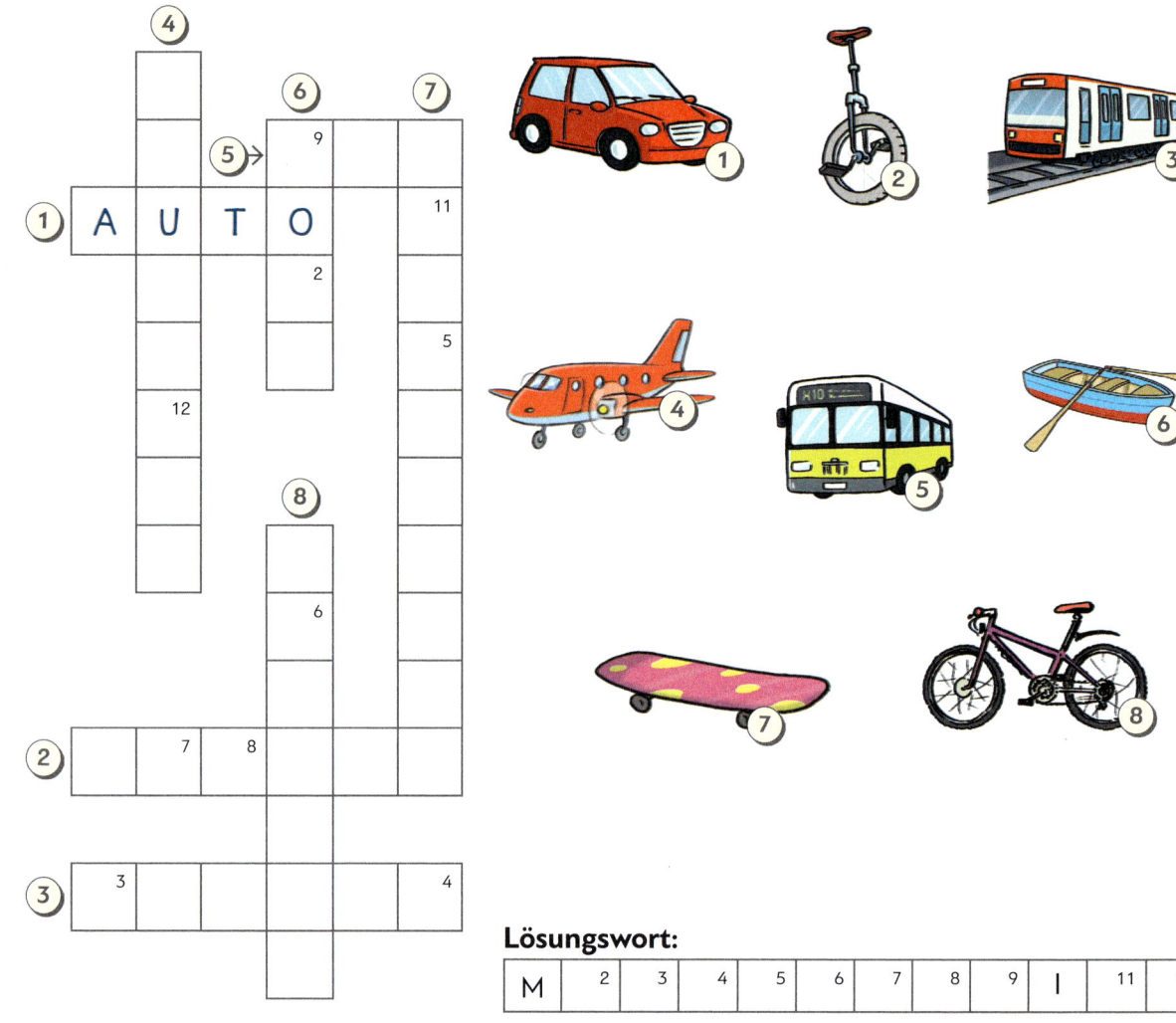

Lösungswort:

M	2	3	4	5	6	7	8	9	I	11	12

12 a Lies das Gedicht und ergänze: *dem* oder *der*.

b Was findest du toll?
Schreib in dein Heft.

Das finde ich toll:

Ausflug mit __dem__ Fahrrad. (1)

Einkaufen mit _____ Freundin. (2)

Ins Kino mit _____ Freund. (3)

Computerspiele mit _____ Bruder. (4)

Mit _____ Skateboard auf die Skaterbahn. (5)

Ausflug mit _____ Familie finde ich nicht so toll! (6)

Das finde ich toll: ...

13 **Was passt? Ergänze:** *mit dem* **oder** *mit der***.**

1. ● Wie kommst du in die Schule?

   ▲ Am Montag fährt mich mein Vater _mit dem_ Auto und Dienstag bis Freitag fahre ich

   _____ Fahrrad.

   ● Oh, ich gehe immer zu Fuß.

2. ▼ Ich möchte im Sommer nach Griechenland fahren.

   ◆ _____ Schiff oder _____ Flugzeug?

3. ▲ _____ Bluse siehst du sehr schick aus.

   ◆ Und du siehst _____ Hut super aus.

4. ▲ Gehst du heute auf die Party?

   ● Ja, ich komme _____ U-Bahn. Mein Fahrrad ist kaputt. Und du?

   ▲ Ich fahre _____ Bus.

KB ▶ 8

14 **Stell die unterstrichenen Satzteile an den Anfang. Schreib die Sätze neu.**

1. Ich fahre am liebsten <u>mit dem Skateboard</u>.

   Mit dem Skateboard fahre ich am liebsten.

2. Der Unterricht fängt <u>um acht Uhr</u> an. Ich bin dann <u>um ein Uhr</u> wieder zu Hause.

   _____

   _____

3. Ich habe <u>am Donnerstag</u> bis drei Uhr Unterricht. Ich gehe dann <u>um halb vier</u> ins

   Fußballtraining.

   _____

   _____

4. Ich mache <u>natürlich</u> bei der Kung-Fu-AG mit.

   _____

5. Ich finde <u>Sportschuhe</u> super.

   _____

Deine Lernwörter

Sport

das Cheerleading
_____

das Kung-Fu
_____

der Hip-Hop
_____

immer	_____	Ich möchte immer Ferien haben.
dürfen (!) ich darf, du darfst, er/es/sie darf)	_____	● Du darfst hier nicht laut sprechen.
laut	_____	
nichts	_____	▲ Aber ich habe nichts gesagt!
der Ohrring	_____	
die Pause	_____	Ich habe um halb elf Pause.
der Ring	_____	
der Sportschuh	_____	
das Training	_____	Das Training macht Spaß!
trinken	_____	Nach dem Training trinke ich
das Wasser	_____	Wasser.
welch-	_____	
das Essen	_____	Wir machen Essen.
der Beruf	_____	● Welchen Beruf hat deine Mutter?
		▼ Ärztin.
der Lieblingsfilm	_____	▲ Welchen Lieblingsfilm hast du?
		◆ Star Wars.
die Note	_____	◆ Welche Note hast du in Mathematik?
		● Eine 2.
unterrichten	_____	Herr Grün unterrichtet Sport und Latein.
der Vorname	_____	Mein Vorname ist Lisa.
die U-Bahn	_____	
zu Fuß	_____	Ich gehe zu Fuß in die Schule.

KB ▶ 2

1 **Was passt zusammen? Verbinde.**

| 1. ein Schmink-Salon | 2. ein Café | 3. Spiele | 4. eine Karaoke-Show |

KB ▶ 3

2 **Was ist das? Schreib die Wörter richtig und mit der, das oder die.**

heBcönrt   lhcMi   aoKak   asflotKeltaraf

das Brötchen   _____   _____   _____

eTe   etflaspfA   eindLamo   siresnawMaerl

_____   _____   _____   _____

sKäe   siE   kdcehakoSolennuhc   Oecstkbuhn

_____   _____   _____   _____

KB ▶ 4

3 Was fehlt hier? Zeichne und schreib die Wörter mit **der**, **das**, **die** oder **die**.

Glas ❖ Flasche ❖ ~~Teller~~ ❖ Tisch ❖ Stuhl ❖ Tasse

der Teller
_____ _____

_____ _____ _____

4 a Lies die Sprechblase und unterstreiche die Wörter mit *für* wie im Beispiel.

Hallo Alex!
Ich mache eine Party und ich brauche so viele Sachen!
Ich brauche Teller <u>für den Kuchen</u>,
Gläser für die Limonade,
Schüsseln für das Eis,
Käse und Wurst für die Brötchen.
Kannst du mir helfen?

b Ergänze die unterstrichenen Wörter.

für	den	Kuchen
		Eis
		Limonade
		Brötchen

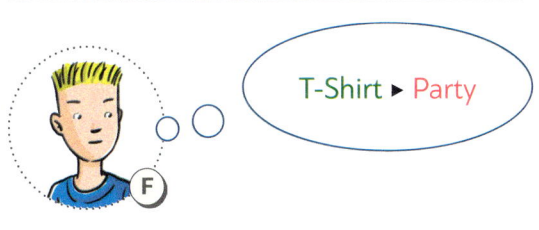

5 **Was denken sie? Schreib Sätze wie im Beispiel.**

A — Filzstifte ▸ Plakat

B — Heft ▸ Hausaufgaben

Ich brauche Filzstifte

für das Plakat.

Ich brauche ein Heft

C — Tische + Stühle ▸ Café

D — Fahrrad ▸ Ausflug

Wir brauchen

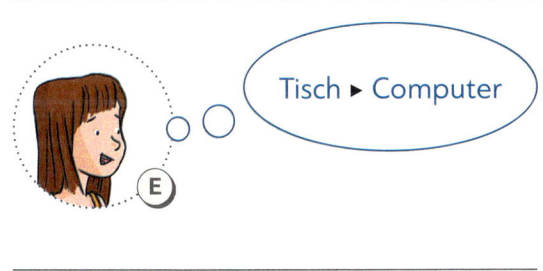

E — Tisch ▸ Computer

F — T-Shirt ▸ Party

6 **Was ist für wen? Schreib Sätze in dein Heft.**

A Das Buch ist für meinen Vater.

Für wen hast du das alles gekauft?

Oma Opa Mutter Schwester Bruder Vater Hund

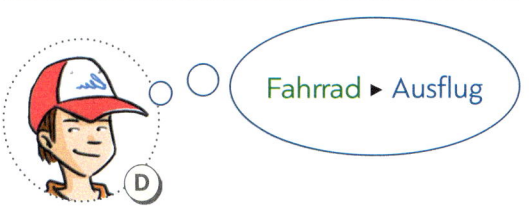

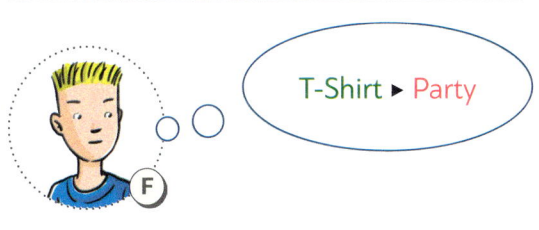

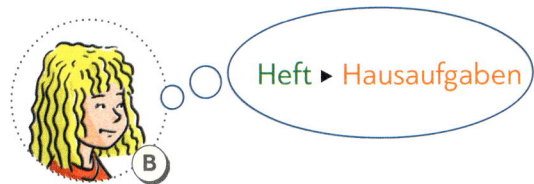

KB ▸ **6**

7 a **Ordne den Dialog.**

 Nein, jetzt nicht mehr! Du hattest schon drei Stücke. **2**

 Lisa, gibst du mir bitte noch einen Schokoladenkuchen? ○

 Ein Schokoladen-kuchen kostet 1 Euro 50. ○

 Warum? ○

 Komm, ich gebe dir einen Schoko-ladenkuchen. **3**

 Du bist aber nett! Siehst du, Lisa. Paul gibt mir einen Schokoladenkuchen. ○

 Grrr. Das ist doof! ○

 Und jetzt gib mir bitte 1 Euro 50! ○

b **Unterstreiche die Formen von _geben_ in a. Ergänze dann die Formen.**

	geben
ich	
du	
er/es/sie	

	geben
wir	geben
ihr	gebt
sie/Sie	geben

👤	!
👥	Gebt!

8 a **Was passt? Ergänze. Es passen mehrere Antworten.**

Ja, sofort. 🐾 Ich habe keinen. 🐾 Natürlich, hier bitte. 🐾 O.K. Das mache ich. 🐾 Tut mir leid, ich verstehe sie auch nicht. 🐾 Na klar! 🐾 Nein, das möchte ich nicht.

1. ● Bringst du mir bitte einen Kakao und einen Obstkuchen mit?

   ▲ _O.K. Das mache ich. / Na klar! / Nein, das möchte ich nicht._

2. ● Gib mir bitte deinen Radiergummi!

   ▲ _____

3. ● He, Miriam, zeigst du mir die Nachricht von Sam?

▲ _____

_____

4. ● Erklär mir bitte die Matheaufgabe!

▲ _____

_____

5. ● Ich habe Durst. Gibst du mir bitte ein Glas Mineralwasser?

▲ _____

_____

6. ● Ich mache eine Party. Bring doch bitte deinen Computer mit Musik mit!

▲ _____

_____

7. ● Kann ich dein Wörterbuch haben?

▲ _____

_____

b **Schreib die Fragen und Aufforderungen in dein Heft. Ergänze dann eine passende Antwort (wie in a).**

● Gibst du mir bitte den Apfel?
◆ ...

 A

 B

 C

 D

 E

 F

9 Was passt? Einige Wörter passen mehrmals. Schreib die Wörter mit der, das oder die.

Film ❧ Tür ❧ Buch ❧ Hausaufgaben ❧ Adresse ❧
Jacke ❧ Fenster ❧ Name ❧ Geschenk ❧ Flasche ❧
Heft ❧ Ausflug ❧ Musik ❧ Telefonnummer ❧ Spiel

aufmachen: _die Tür,_____

zumachen: _____

aufschreiben: _der Name,_____

anfangen: _____

mitbringen: _____

10 Was passt? Ergänze in der richtigen Form.

zumachen ❧ anfangen ❧ ~~aufschreiben~~ ❧
zuhören ❧ mitmachen ❧ aufmachen

1. Ich möchte gern deine Adresse und deine

   Telefonnummer haben. _Schreib_ sie bitte

   hier _auf_ !

2. ▲ Kommst du mit ins Kino?

   ▼ Wann _____ der Film

   denn _____?

3. Wir spielen Karten. _____

   du _____?

4. ◆ Lisa? Schau mal! Lisaaa?!

   ■ Hmm?

   ◆ Du _____ mir gar nicht

   _____!

5. ▲ Ich möchte keinen Saft trinken.

   ● Dann _____ bitte

   die Flasche _____!

6. Alex, kannst du Oma bitte die Tür

   _____?

KB ▸ 7

11 Was passt? Ergänze: gibt es oder es gibt.

1. *Mutter*: Paul, komm! Es gibt Essen.

   Paul: _____ Spaghetti?

2. *Lena:*   Ich habe Hunger. Was _____ im Café Sonnenblume?

   Dina: _____ Kartoffelsalat, Brötchen mit Käse …

   Lena: _____ auch Kuchen?

   Dina: Na klar!

---

12 a **Was gibt es in deiner Stadt? Schreib Sätze mit einen, ein oder eine in dein Heft.**

> Es gibt ein …

Museum ❖ Sportplatz ❖ Kaufhaus ❖ Skaterbahn ❖ Theater ❖ …

b **Was interessiert dich in deiner Stadt? Schreib Sätze in dein Heft.**

> Mich interessiert das …

KB ▸ 8

13 **Was passt? Schreib Sätze mit *gefällt mir* oder *schmeckt mir*.**

(A)

Das T-Shirt gefällt mir. _____

(B)

Der Kuchen _____

(C)

Das Brötchen _____

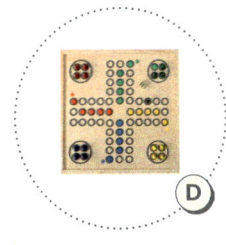

(D)

Das Spiel _____

14 **Was passt zusammen? Verbinde.**

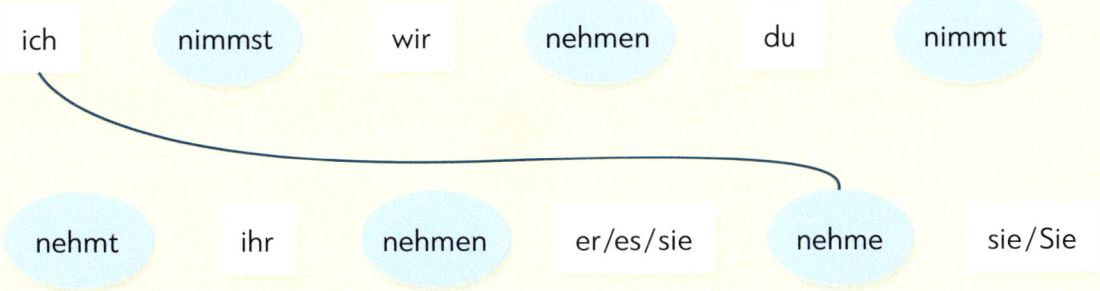

ich   nimmst   wir   nehmen   du   nimmt

nehmt   ihr   nehmen   er/es/sie   nehme   sie/Sie

15 Ergänze *nehmen* und *geben* in der richtigen Form.

1. ▲ <u>Nehmt</u> ihr den Bus? ● Nein, wir _____ die U-Bahn.

2. ◆ Oma Olga, _____ du meinen Hund in den Ferien?

   ▼ Ja, klar! Ich _____ ihn gern.

3. ▲ Ich habe Hunger. Ich _____ einen Kartoffelsalat und eine Wurst, dann noch

   einen Obstkuchen und einen Orangensaft. Und was _____ du?

   ● Ich _____ ein Brötchen mit Käse und eine Tasse Tee.

   ▲ Es _____ keinen Tee, nur Saft.

4. Mein Bruder _____ immer meine Computerspiele. Das finde ich blöd.

   Aber er sagt immer: „Ich _____ (*nehmen*), du _____ (*geben*),

   ich _____ (*geben*), du _____ (*nehmen*)."

   Aber, was _____ (*geben*) er mir? Ich weiß es nicht. Er _____

   (*nehmen*) immer nur.

KB ▶ **10**

16 a **Lies die E-Mail und unterstreiche die Verben wie im Beispiel.**

> Hallo Nadja,
> ich <u>habe</u> dir schon zwei Monate nicht <u>geschrieben</u>, aber heute
> bekommst du eine lange E-Mail, ich muss dir viel erzählen.
> Wir <u>haben</u> heute in der Schule ein großes Sommerfest <u>gemacht</u> mit
> vielen Aktivitäten. Ich habe mit meiner Klasse ein Café gemacht.
> Wir haben Getränke, Kuchen und Essen verkauft. Das war viel
> Arbeit, aber wir haben nicht alles allein gemacht, unsere Mütter
> haben uns geholfen. Sie haben viele Kuchen gebacken. Mir hat
> besonders der Schokoladenkuchen von Felix' Mutter geschmeckt.
> Oskar hat fünf Stück Schokoladenkuchen gegessen und unheimlich
> viel Saft getrunken. Ich habe auch bei der Karaoke-Show
> mitgemacht. Das war sehr lustig.
> So, jetzt bin ich aber total müde, ich muss ins Bett! Schreib mir
> doch bald wieder!
> Lisa

b Ergänze die Verbformen aus a.

schreiben — geschrieben   machen —

verkaufen —   helfen —

backen —   schmecken —

essen —   trinken —

mitmachen —

---

17 In welche Kiste kommen die Verbformen? Ordne zu.

gespielt ❧ geschrieben ❧ gemacht ❧ verkauft ❧ gefragt ❧ geholfen ❧
gebacken ❧ geschmeckt ❧ getanzt ❧ gegessen ❧ getrunken ❧
mitgemacht ❧ gesehen ❧ gesagt ❧ bekommen ❧ telefoniert

A ge...t
gespielt

B ...t

C ge(g)...en

D ...ge...t

E ge...ie...en
ge...o...en
ge...u...en

F ...en

Deine Lernwörter

Essen und Trinken

der Apfelsaft	 das Eis	 das Brötchen	 der Kaffee	 der Kakao
 der Kartoffelsalat	 der Käse	 die Limonade	 die Milch	 das Mineralwasser
 der Obstkuchen	 der Orangensaft	 der Tee	 der Schokoladenkuchen	

Kuchen backen _____ Ich backe einen Schokoladenkuchen.

das Getränk _____ Apfelsaft und Kaffee sind Getränke.

Möbel und Geschirr

der Stuhl	 der Tisch	 der Teller	 die Tasse	 das Glas

für _____ Ich brauche einen Teller für den Kuchen.

das Fenster _____

auf⊗machen _____ ◆ Mach bitte das Fenster auf!

sofort _____ ▲ Ja, sofort. Machst du bitte die

zu⊗machen _____ Tür zu?

interessieren _____ Mich interessieren Filme.

etwas _____ ◆ Ich möchte etwas essen. Du auch?

nehmen (!) du nimmst, _____ ▼ Ja, ich nehme eine Pizza und ein
er/es/sie nimmt) Wasser. Ich habe auch Durst.

der Durst _____

schmecken _____ ▲ Pizza schmeckt mir nicht.
Ich esse Nudeln.

verkaufen _____ Lisa hat Kuchen verkauft.

Das kann ich schon

Mach die Übungen. Schau dann auf Seite 90. Wie bist du?
Mal an. 🥤 = 🙁, 🥤🥤 = 🙂, 🥤🥤🥤 = 😃

1 **Ein Interview. Ergänze die Fragen und Antworten.**

● W_____ Lehrer hast du in _____ ? ▲ _____

● W_____ Essen schmeckt _____ ? ▲ _____

● W_____ Schauspielerin findest du _____ ▲ _____

2 **Wie kommst du dorthin? Schreib in dein Heft.**

Ⓐ   Ⓑ   Ⓒ   Ⓓ

1. Wie kommst du in die Schule?
2. Wie kommst du ins Kino?
3. Wie kommst du auf den Sportplatz?

> 1. Mit ...

3 **Im Café: Was möchtest du essen und trinken? Ergänze.**

● Was möchtest du essen?

▲ Ich nehme _____ und _____ .

_____ schmeckt mir immer. Was nimmst du?

● _____ Durst. Ich nehme _____ .

4 **Was hast du gestern gemacht? Erzähl.**

Ich habe _____ .

Ich habe meine Freunde getroffen und wir _____ .

KB ▸ Einstieg

1 Was möchten sie in den Ferien machen? Schreib Sätze.

1. Felix möchte Mountainbike fahren.

2. _____

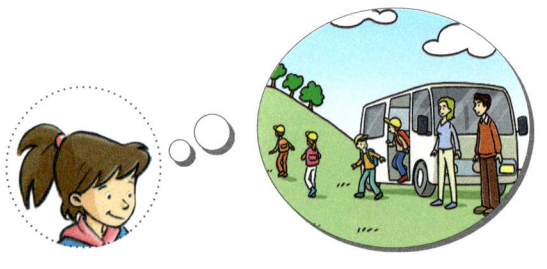

3. _____

4. _____

5. _____

6. _____

7. _____

KB ▶ 2

2 a **Wer hat was gemacht? Was passt? Ergänze.**

erzählt ❖ gewonnen ❖ beantwortet ❖
~~teilgenommen~~ ❖ gehört ❖ getroffen

1. Lisa und Alex haben am Sommerleseclub _teilgenommen_ .

2. ● Hast du schon _____? Alex hat bei der Verlosung

   den ersten Preis _____: ein E-Book!

   ◆ Cool.

3. Gestern haben wir Freunde _____.

4. Am Samstag hat uns unser Opa eine Detektivgeschichte _____.

5. Ich habe eine 1 im Englischtest. Ich habe alle Fragen richtig _____.

b **In welche Kiste kommen die Verbformen aus a? Ordne zu.**

...t

erzählt

...en

gewonnen

KB ▶ 4

3 **Was passt? Ergänze.**

Tag ❖ Woche ❖ Jahr ❖ Tage ❖ Monate ❖
Stunden ❖ Monat ❖ Tage ❖ Wochen

Zeit-Quiz

1. Ein _Jahr_ hat zwölf _____ oder 365 _____.

2. Ein _____ hat vier _____.

3. Eine _____ hat sieben _____.

4. Ein _____ hat 24 _____.

Dezember

3

4 a Lies den Dialog und unterstreiche die Formen von *nächst-*.

▼ Ich habe nächste Woche Geburtstag. Wann habt ihr denn Geburtstag?

● Noch lange nicht. Erst am 25. Juli.

▼ Das ist doch schon <u>nächsten</u> Monat!

◆ Stimmt. Und ich habe nächstes Wochenende Geburtstag. Am 19. Juni.

▼ Cool. Ich mache nächsten Freitag eine Party.

▲ Ich habe erst nächstes Jahr Geburtstag, am 2. Februar.

b Ergänze die Formen von *nächst-*.

nächsten	Monat / Freitag
	Jahr / Wochenende
	Woche

5 Ergänze: *nächsten*, *nächstes* oder *nächste*.

1. ▲ Wann gehst du aufs Gymnasium?

   ● <u>Nächstes</u> Jahr.

2. ● Na, Paul, wann fangen denn die Ferien an?

   ▲ _____ Woche, Oma. Endlich!

3. ▼ Was machst du in den Ferien?

   ◆ Jetzt bleibe ich zu Hause, aber _____ Monat fahren wir nach Italien.

4. ▲ Ich mache _____ Samstag eine Party.

   ▼ Oh, schade! _____ Wochenende bin ich nicht da.

6 a Was passt? Ergänze.

jeden Sommer ⁛ jedes Jahr ⁛ jeden Sonntag ⁛ <u>jeden Morgen</u> ⁛ jede Woche

1. <u>Jeden Morgen</u> steht Oskar um halb sieben auf.

2. Lisa hat _____ Kung-Fu-Training.

3. Wir schlafen _____ aus.

4. _____ habe ich im Januar Geburtstag.

5. Wir fahren _____ ans Meer.

b Ergänze die Formen von *jed-* aus **a**.

jeden	Sommer, Morgen, Sonntag
	Jahr
	Woche

7 Wie oft? Schreib in das richtige Kästchen.

einmal im Monat ⠿ einmal im Jahr ⠿ einmal in der Woche

jeden Tag

KB ▶ 5

8 a Lies den Text und unterstreiche die Formen von *mögen*.

◆ Ich habe ein Problem. Meine Familie will ein Haustier.
● Warum ist das ein Problem? Magst du keine Haustiere?
◆ Doch. Ich mag Hunde, aber meine Schwester findet
  Hunde doof. Sie mag lieber Katzen.
● Dann kauft doch ein Meerschweinchen!
◆ Nein. Meine Eltern finden Meerschweinchen langweilig.
● Hm, mögt ihr Papageien?
◆ Ja, wir mögen Papageien, aber mein Opa mag keine Vögel.
  Er findet Vögel zu laut.
● Welches Tier mögt ihr denn alle?
◆ Elefanten!

b Ergänze die Formen von *mögen*.

	mögen		mögen
ich		wir	
du	magst	ihr	
er/es/sie		sie/Sie	mögen

9 Ergänze *mögen* in der richtigen Form.

Frau Berger _mag_ Eis.

Lea und Tanja _____
T-Shirts. Sie kaufen sehr viele.

Hier, bitte.

Ich _____ doch keinen Kakao!
Ich trinke lieber Orangensaft.

_____ du Hüte? Ich finde
Hüte toll. Hüte gefallen mir.

KB ▶ 9

10 Was passt zusammen? Mal die passenden Teile gleich aus.

Lukas ist krank,	Lisa mag Sport,
Ich brauche Käse,	Maria möchte Sängerin werden,
Wir machen im Sommer eine Radtour,	

deshalb gehe ich in den Supermarkt.

deshalb kaufen wir zwei Fahrräder.

deshalb macht sie oft Kung-Fu.

deshalb geht er heute nicht in die Schule.

deshalb singt sie jeden Tag.

11 Bau Sätze. Kleb die Aufkleber ein.

1. Julia hat Durst,

2. Paul hat Hunger,

3. Fabian mag Sprachen,

4. Saskia spielt Fußball,

12 Wie heißen die Sätze? Schreib die Sätze richtig.

1. (deshalb • sehr gut Englisch • spricht • Emily)

   Emilys Eltern kommen aus England, _deshalb spricht Emily sehr gut Englisch._

2. (nicht in die Schule • deshalb • geht • er)

   Noah ist krank, _____

   _____

3. (geht • zweimal in der Woche in die Bibliothek • deshalb • sie)

   Sara liest gern Bücher , _____

   _____

4. (ich • schlafe • deshalb • jetzt)

   Ich bin müde, _____

5. (fahre • in den Ferien nach Italien • ich • deshalb)

   Ich esse gern Pizza und Nudeln, _____

   _____

Deine Lernwörter

der Sommer _____ Ich habe im Sommer Geburtstag.

die Geschichte _____ Gestern hat uns Papa eine Geschichte erzählt.
erzählen _____

teil nehmen _____ ▲ Wer nimmt beim Sommerleseclub teil?
(!) du nimmst teil, ◆ Alex und Lisa.
er/es/sie nimmt teil) ● Wie oft triffst du deine Freunde?
wie oft _____

einmal, zweimal, dreimal ... _____ ▲ Zweimal in der Woche.
die Woche _____ Die Woche hat sieben Tage.
der Monat _____ Meine Schwester fährt einmal im Monat nach Köln.

nächster, nächstes, nächste _____ ◆ Was machst du nächsten Sonntag?
▲ Ich besuche meine Großeltern.

der Supermarkt _____
jeder, jedes, jede _____ Wir gehen jeden Samstag in den Supermarkt.

beantworten _____ ◆ Kannst du die Frage beantworten?
die Frage _____ ● Natürlich.

gewinnen _____ Ich habe den ersten Preis gewonnen! Der Preis ist ein Fahrrad.
der Preis _____

mögen (!) du magst, _____ ▲ Magst du Comics?
er/es/sie mag) ● Nein, ich mag keine Comics.

deshalb _____ Ich muss Englisch üben, deshalb fahre ich in den Ferien nach England.

mit nehmen (du nimmst _____ Ich nehme Pullover, Jeans und Stiefel mit.
mit, er/es/sie nimmt mit)
das Handy _____

KB ▶ 1

1 a Unterstreiche wie im Beispiel.

In Deutschland fährt man im Sommer ans Meer oder an einen See. Man kann schwimmen und Eis essen. Und man braucht natürlich einen Hut.

Ⓐ

In Australien ist der Sommer im Dezember. Am Meer trifft man den Weihnachtsmann.

Ⓑ

b Ergänze.

	fährt ans Meer.
Er/Es/Sie/_____	kann schwimmen.
	braucht einen Hut.

2 Ergänze.

Wie mach_____ man das?

Ⓐ

He travelled to Dundee.

Ⓑ

Wie schreib____ _____ das?

3 Was darf man hier machen? Was darf man hier nicht machen? Schreib Sätze in dein Heft.

A: Hier darf man nicht fotografieren.

 Ⓐ
 Ⓑ
 Ⓒ
 Ⓓ
 Ⓔ

KB ▸ 5

4 **Wie ist die Reihenfolge? Ordne zu und ergänze.**

~~immer~~ 🐾 nie 🐾 oft 🐾 manchmal

immer _____ _____ _____

5 **Was passt zusammen? Mal die Wörter in derselben Farbe an.**

1. Eis   spielen
2. Minigolf   wandern
3. Kajak   spielen
4. ins Eiscafé   machen
5. Beachvolleyball   fahren
6. auf den Berg   gehen
7. eine Reise   essen

6 **Was machen sie in den Ferien? Schreib Sätze.**

A

B

C

Sie isst Eis. _____ _____

_____ _____

D

E

F

_____ _____ _____

_____ _____ _____

7 Was passt zusammen? Verbinde.

1. Vater   2. Großvater   3. Bruder   4. Onkel   5. Cousin   6. Freund

Tante   Freundin   Mutter   Großmutter   Schwester   Cousine

8 a Lies den Text und unterstreiche die Wörter mit *mit* wie im Beispiel.

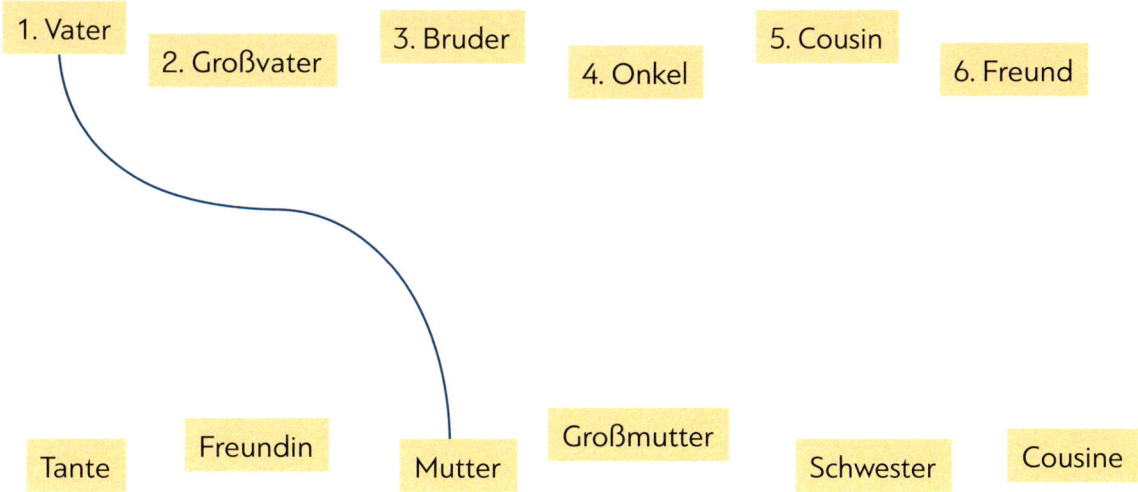

Du telefonierst immer mit deinem Freund und mit deiner Freundin. Und dann spielst du mit deinem Haustier. Für mich hast du nie Zeit.

b Ergänze *dein* in der richtigen Form.

Nominativ	Dativ	
dein Freund	Du telefonierst mit **deinem**	Freund.
dein Haustier	Du spielst mit	Haustier.
deine Freundin	Du telefonierst mit	Freundin.

9 Lies die Fragen und antworte. Schreib Sätze in dein Heft.

1. Ich telefoniere oft mit meiner Cousine.

1. Mit wem telefonierst du oft?
2. Mit wem machst du Hausaufgaben?
3. Mit wem machst du Ferien?
4. Mit wem gehst du einkaufen?
5. Mit wem isst du Eis?
6. Mit wem schaust du Filme an?

KB ▶ 6

10 a Finde sechs weitere Verkehrsmittel und markiere sie.

E	W	A	S	T	H	U	Z
P	B	A	R	R	A	D	U
F	L	U	G	Z	E	U	G
G	M	T	L	I	Z	-	A
E	R	O	R	W	T	B	S
R	I	E	C	O	N	A	D
N	B	U	H	B	R	H	H
T	U	L	K	V	L	N	J
O	S	S	C	H	I	F	F

b Ergänze die Wörter aus a.

der	das	die
Zug		

11 Mit was fahren oder fliegen die Leute in die Ferien? Von wo und wohin? Schreib Sätze.

1. Frau Mühlheim
2. Tobias
3. Jennys Familie
4. Patricia
5. Herr Schmidt

Berlin · Leipzig · Frankfurt · Mexiko · Bern · Genf · München · die Schweiz · Italien · Österreich

1. <u>Frau Mühlheim fährt mit dem Auto von Frankfurt nach Leipzig.</u>

2. _____

_____

3. _____

_____

4. _____

_____

5. _____

_____

12 **Wo ist die Stadt? Lies die Fragen, schau die Landkarte an und antworte.**

1. Wo ist Hamburg? <u>In Norddeutschland.</u>

2. Wo ist München? _____

3. Wo ist Aachen? _____

4. Wo ist Cottbus? _____

_____

5. Wo ist Konstanz? _____

_____

6. Wo ist Leipzig? _____

_____

7. Wo ist Köln? _____

_____

8. Wo ist Kiel? _____

_____

KB ▶ 8

13 Was ist das? Ergänze. Schreib die Wörter in Farbe (**der** = **blau**, **das** = **grün**, **die** = **rot**).

A M E E R
B
C
D
E
F
G

14 a Lukas fährt in den Ferien an die Nordsee. Wohin möchte er Ausflüge machen? Kleb die Aufkleber ein.

b **Ergänze die Wörter aus a.**

nach + *Stadt*	in + *Ort*	auf + *Berg/Insel/Burg*	an + *Wasser*
nach Bremen			

15 **Was passt? Ergänze.**

auf die ❦ auf den ❦ ans ❦ auf die ❦ ~~an den~~ ❦ ins

1. Fahren wir _an den_ Fluss?

2. Wandern wir _____ Berg?

3. Gehen wir _____ Museum?

4. Gehen wir _____ Burg?

5. Fahren wir _____ Meer?

6. Fahren wir _____ Insel?

> Wir machen
> einen Ausflug!

16 **Ergänze.**

> Gehen wir auf
>
> _____ Burg? ①

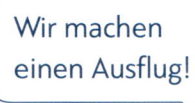

> Nein, ich möchte an
>
> _____ Strand. ②

> Und ich möchte
>
> in___ Eiscafé. ③

KB ▶ 9

17 **Kleb die Aufkleber ein.**

1. Ich ☐ heute ans Meer gefahren.

2. ☐ du auf den Berg gewandert?

3. Jenny ☐ an den Fluss gegangen.

4. Wir ☐ in Berlin gewesen.

5. ☐ ihr mit dem Kajak auf die Insel gefahren?

6. Lisa und Julia ☐ ins Museum gegangen.

18 **Lukas hat eine Postkarte geschrieben. Ergänze *sein* und die Verben in der richtigen Form.**

Lieber Paul,

meine Familie und ich _sind_ am Sonntag an die Nordsee _gefahren_.

(*fahren*) Meine Schwester findet alles blöd, aber ich finde unsere

Ferien super! Wir machen tolle Ausflüge. Am Montag _____

wir an den Strand _____. (*gehen*) Der Strand ist nicht weit weg.

Es war sehr warm. Ich _____ im Meer _____. (*schwimmen*) Am

Dienstag _____ wir auf die Insel Norderney _____. (*fahren*)

Am Mittwoch hatte meine Schwester Halsschmerzen, deshalb war sie mit Mama im Hotel.

Ich war mit Papa am Strand. Wir _____ im Watt _____.

(*wandern*) Das war cool! Am Abend _____ wir dann ins Kino

_____. (*gehen*) Da war

meine Schwester wieder gesund. _____ du

schon an den Bodensee _____? (*fahren*)

Viele Grüße

Lukas

KB ▶ 11

19 a In welche Kiste kommen die Verbformen? Ordne zu.

~~gewandert~~ ∙∙ ~~gespielt~~ ∙∙ gelernt ∙∙ gewesen ∙∙ geschlafen ∙∙
gegessen ∙∙ gefahren ∙∙ gemacht ∙∙ gegangen ∙∙ geschwommen

+ bin / bist / ist / sind / seid / sind

gewandert

Ⓐ

+ habe / hast / hat / haben / habt / haben

gespielt

Ⓑ

b Was ist richtig? Unterstreiche.

1. ▼ Was habt / seid ihr gestern gemacht?

   ◆● Wir haben / sind an den See gefahren und haben / sind Volleyball gespielt.

   ▼ Oh! Ich war zu Hause. Ich habe / bin Mathe gelernt.

2. ▼ Sind / Haben Anna und Tom mit dem Fahrrad an die Ostsee gefahren?

   ● Nein, sie sind / haben mit dem Auto nach Frankreich gefahren.

3. Gestern hatte ich viel Hunger. Ich habe / bin in die Pizzeria gegangen

   und habe / bin eine Pizza und einen Salat gegessen.

   Dann habe / bin ich mit dem Skateboard ins Eiscafé gefahren.

   Ich habe / bin drei Eis gegessen.

4. ◆ Hast / Bist du am Wochenende ins Museum gegangen?

   ▲ Nein, ich habe / bin mit meiner Tante in den Bergen gewesen.

   Sie ist sehr nett. Wir haben / sind gewandert und haben / sind

   ein Picknick gemacht. Es war toll.

Deine Lernwörter

man _____ Man kann hier Eis essen.

ein laden (du lädst _____ Ich lade dich ein!
ein, er/es/sie lädt ein)

die Sommerferien _____ Ich habe sechs Wochen
Sommerferien.

Familie

der Onkel	die Tante	der Cousin	die Cousine
_____	_____	_____	_____

das Eiscafé _____ Ich gehe oft ins Eiscafé.

Kajak fahren _____

Minigolf spielen _____

nie _____ Meine Cousine liest nie Bücher.

manchmal _____ Manchmal liest sie einen Comic.

die Reise _____ Ich mache eine Reise.

von ... nach _____ Ich fahre von München nach
Wien.

der Bahnhof _____

der Zug _____

Naturorte

die Insel	der See	der Strand	der Berg	der Fluss
_____	_____	_____	_____	_____

an _____ Heute gehe ich an den Strand.

weit weg _____ Er ist nicht weit weg.

nett _____ Julias Oma ist nett.

warm _____ Der Sommer ist warm.

das Picknick _____

Mach die Übungen. Schau dann auf Seite 90. Wie bist du?
Mal an. 🐾 = 🙁, 🐾🐾 = 🙂, 🐾🐾🐾 = 😃

1 **Wie oft und wann machst du das?**
Antworte.

1. Wie oft machst du Sport?
2. Wie oft triffst du deine Freunde?
3. Wie oft isst du Eis?
4. Wann hast du Ferien?

1. Zweimal in
   der Woche.

2 **Ergänze.**

1. Ich habe _____ , deshalb trinke _____ .

2. _____ müde, deshalb _____ ins Bett.

3. Ich mag _____ , deshalb _____ .

3 **Deine Cousine / Dein Cousin kommt in den Ferien zu Besuch. Sie / Er**
will wissen, was man bei dir machen kann. Ergänze den Brief.

Liebe(r) _____ ,

in / auf _____ kann man viel machen. Es gibt _____

_____ und _____ . Man kann

_____ und _____ .

Herzliche Grüße, Dein(e) _____

4 **Was hast du wann mit wem**
gemacht? Schreib die Sätze
in dein Heft.

A: Heute Nachmittag habe ich mit ...
B: Gestern bin ich mit ...

A

B

C

D

Lösungen

Das kann ich schon - Modul Das macht Spaß!, S. 20

1 *Lösungsvorschlag:*
   A Lies mal ein Buch! **B** Üb/Spiel doch Klavier!
   C Spiel Basketball! **D** Tanz doch!/Hör doch Musik!
   E Mach Experimente!
2 *Mögliche Lösungen:*
   1. Um halb zwei.
   2. Am Mittwoch um 4 Uhr.
   3. Am Wochenende./Am Donnerstag.
   4. Es ist Viertel nach zwei.
3a *Lösungsvorschlag:*
   ▲ Was machen wir heute Nachmittag?
   ▼ Ich möchte Tennis spielen. Gehen wir in die
      Sporthalle?
   ▲ Nicht schon wieder. Ich möchte nicht Tennis spielen.
   ▼ Was machen wir dann?
   ▲ Gehen wir doch auf die Skaterbahn. Ich möchte
      Skateboard fahren.
   ▼ Gute Idee. Das macht Spaß!
3b *Mögliche Lösung:*
   ▲ Was machen wir heute Nachmittag?
   ▼ Ich möchte einen Film anschauen.
      Gehen wir ins Kino?
   ▲ Nicht schon wieder. Ich möchte nicht ins Kino gehen.
   ▼ Was machen wir dann?
   ▲ Gehen wir doch auf den Sportplatz.
      Ich möchte Fußball spielen.
   ▼ Gute Idee. Das macht Spaß!

Das kann ich schon - Modul Das gefällt mir!, S. 36

1 *Mögliche Lösungen:*
   B Die Hose gefällt mir nicht. Sie sieht blöd aus.
   C Die Stiefel gefallen mir. Sie sehen lustig aus.
   D Das T-Shirt gefällt mir nicht. Es sieht langweilig aus.
2 *Mögliche Lösungen:*
   1. ▲ Trägst du gern Hosen?
      ▼ Ja, ich trage gern Jeans./
         Nein, ich trage lieber Röcke.
   2. ▲ Spielst du lieber Schach oder Karten?
      ▼ Lieber Karten.
   3. ▲ Was machst du am liebsten?
      ▼ Am liebsten treffe ich Freunde.
3 *Mögliche Lösung:*
   Jenny möchte Künstlerin werden. Jan möchte
   Hausmann werden. Saskia möchte Köchin werden.
   Ich möchte Pilot werden.
4 *Mögliche Lösung:*
   ▲ Wie geht es dir?
   ▼ Schlecht. Ich bin krank.
   ▲ Oh, das tut mir aber leid. Was hast du?
   ▼ Ich habe Halsschmerzen und mein Arm tut weh.
   ▲ Gute Besserung!

Das kann ich schon - Modul Alles Gute!, S. 52

1 *Mögliche Lösung:*
   ▲ Ich habe heute Geburtstag.
   ● Alles Gute zum Geburtstag!
   ▲ Danke. Wann hast du Geburtstag?
   ● Am dritten April.

2 *Mögliche Lösung:* Am Samstag will ich Computerspiele
   spielen. Dann will ich auf eine Party gehen und Musik
   hören. Am Sonntag will ich ausschlafen und Fußball
   spielen.
3 *Mögliche Lösung:* Wir haben ein Haus. Unser Haus ist
   groß. Wir haben sechs Zimmer und einen Garten. Mein
   Zimmer ist gelb und sehr schön. Unser Wohnzimmer
   ist groß und auch schön.
4a *Mögliche Lösung:* Ich bin elf Jahre alt.
   Ich bin 1,51 m groß. Meine Augen sind
   braun. Meine Haare sind schwarz.

Das kann ich schon - Modul Das schmeckt mir!, S. 71

1 *Mögliche Lösungen:*
   ▼ Welchen Lehrer hast du in Deutsch?
   ▲ Frau Smith.
   ▼ Welches Essen schmeckt dir?
   ▲ Schokoladenkuchen und Kartoffelsalat.
   ▼ Welche Schauspielerin findest du cool?
   ▲ Sophie Turner.
2 *Mögliche Lösungen:*
   1. Mit dem Fahrrad. 2. Mit dem Bus. 3. Zu Fuß.
3 *Mögliche Lösung:*
   ▼ Was möchtest du essen?
   ▲ Ich nehme eine Pizza und einen Obstkuchen.
      Pizza schmeckt mir immer. Was nimmst du?
   ▼ Ich habe Durst. Ich nehme ein Mineralwasser.
4 *Mögliche Lösung:* Ich habe meine Hausaufgaben
   gemacht. Ich habe meine Freunde getroffen und wir
   haben Spiele gespielt.

Das kann ich schon - Modul Das mag ich!, S. 89

1 *Mögliche Lösungen:*
   2. Jeden Tag. 3. Einmal im Monat. 4. Nächsten Monat.
2 *Mögliche Lösungen:*
   1. Ich habe Durst, deshalb trinke ich Wasser.
   2. Meine Schwester ist müde, deshalb geht sie ins Bett.
   3. Ich mag keine Bücher, deshalb gehe ich nie in die
   Bibliothek.
3 Liebe Anna, in Ardana kann man viel machen.
   Es gibt eine Burg und einen Fluss. Man kann auf
   die Burg gehen oder an den Strand fahren.
   Herzliche Grüße, Dein Cem
4 *Mögliche Lösungen:*
   A Heute Nachmittag habe ich mit meinem Bruder
   Fußball gespielt. **B** Gestern bin ich mit meiner Familie
   ins Eiscafé gegangen. **C** Am Wochenende habe ich
   mit meinem Vater eine Fahrradtour gemacht./bin ich
   Fahrrad gefahren. **D** Am Samstag habe ich mit meinen
   Freundinnen Pizza gebacken.

Quellenverzeichnis

Lektion 1, Übung 3c

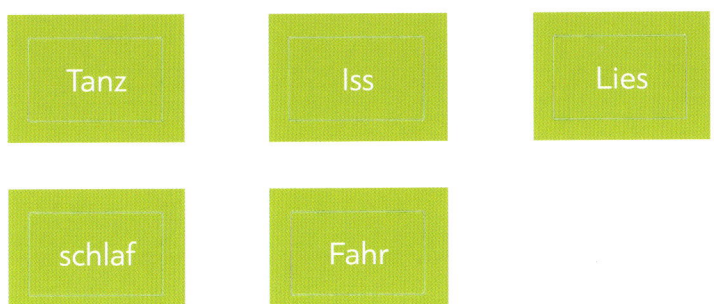

Tanz

Iss

Lies

schlaf

Fahr

Lektion 1, Übung 11

Lektion 2, Übung 3

ins

in die

in den

Lektion 2, Übung 8

uns

mich

euch

dich

Lektion 2, Übung 13

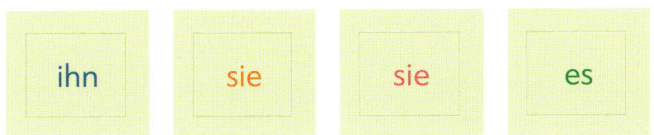

ihn

sie

sie

es

Lektion 3, Übung 4b

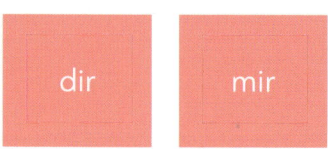

dir mir

Lektion 3, Übung 11b

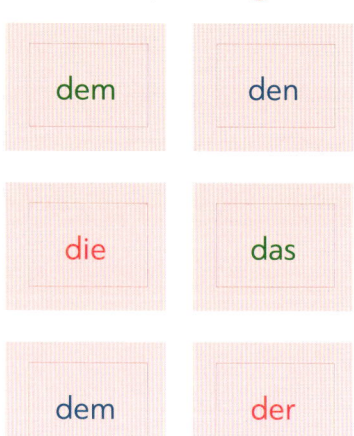

dem den

die das

dem der

Lektion 3, Übung 8

1. einen Comic — mir

2. mir — eine Mütze

3. Bücher — dir

4. dir — mein Heft

Lektion 4, Übung 1

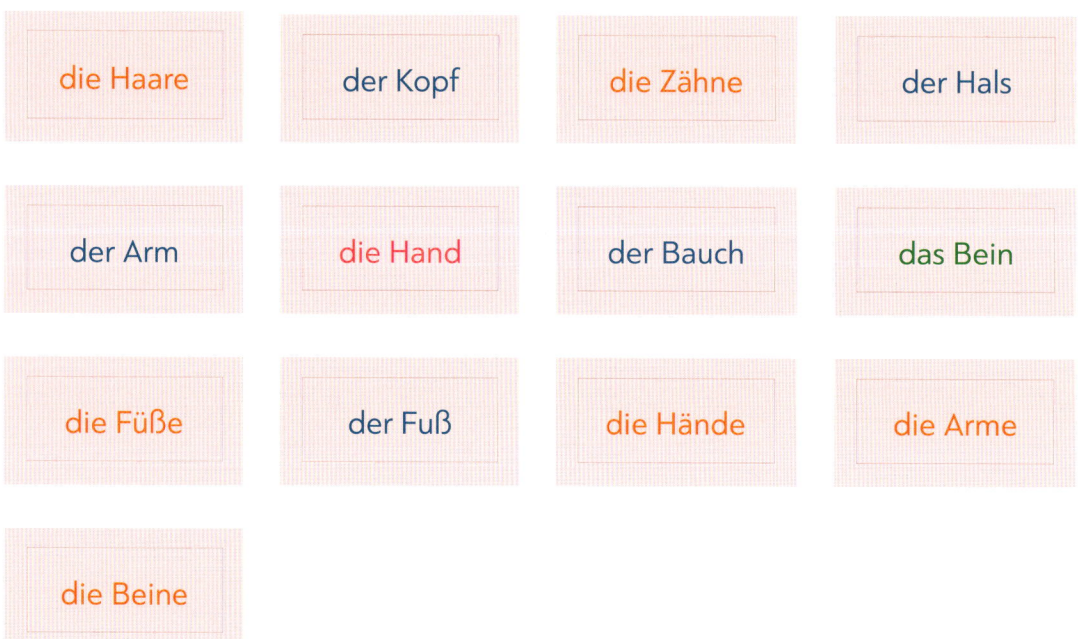

die Haare — der Kopf — die Zähne — der Hals

der Arm — die Hand — der Bauch — das Bein

die Füße — der Fuß — die Hände — die Arme

die Beine

Lektion 5, Übung 13

im in der im

Lektion 9, Übung 11

1. sie | trinkt | deshalb | einen Apfelsaft

2. isst | deshalb | ein Brötchen | er

3. deshalb | Englisch und Spanisch | er | lernt

4. auf den Sportplatz | sie | geht | deshalb

Lektion 10, Übung 14a

ans Meer | auf die Evenburg

an den Fluss Elbe | auf die Insel Norderney

nach Bremen | ins Maritime Museum

Lektion 10, Übung 17

sind | Bist | bin | sind | Seid | ist